李金隆 ◎ 著

金道

中国商务出版社
CHINA COMMERCE AND TRADE PRESS

图书在版编目（CIP）数据

金道 / 李金隆著. — 北京：中国商务出版社，2022.12

ISBN 978-7-5103-4538-8

Ⅰ．①金… Ⅱ．①李… Ⅲ．①企业管理 Ⅳ.①F272

中国版本图书馆CIP数据核字（2022）第206707号

金道
JINDAO
李金隆　著

出　　　版：	中国商务出版社
地　　　址：	北京市东城区安外东后巷28号　邮　编：100710
责任部门：	发展事业部（010-64218072）
责任编辑：	刘玉洁
直销客服：	010-64515210
总 发 行：	中国商务出版社发行部　（010-64208388　64515150）
网购零售：	中国商务出版社淘宝店　（010-64286917）
网　　　址：	http://www.cctpress.com
网　　　店：	https://shop162373850.taobao.com
邮　　　箱：	295402859@qq.com
排　　　版：	书董汇
印　　　刷：	廊坊市佳艺印务有限公司
开　　　本：	787毫米×980毫米　1/16
印　　　张：	14.75　　　　　　　　　　字　数：200千字
版　　　次：	2022年12月第1版　　　　　印　次：2022年12月第1次印刷
书　　　号：	ISBN 978-7-5103-4538-8
定　　　价：	99.00元

凡所购本版图书如有印装质量问题，请与本社印制部联系（电话：010-64248236）

版权所有　盗版必究　（盗版侵权举报可发邮件到本社邮箱：cctp@cctpress.com）

推荐序

重视中华商道和中华文化传承

本书的作者在营商实践中,深切感受到中华传统文化哺育的中华商道之强大威力及其对中国经济发展的重要影响,于是在感慨之余,潜心编撰了《金道》一书。本书讲述了企业发展要重学习和弘扬中华商道及中华传统文化的重要性,希望人们能进一步重视中华商道和中华传统文化的学习,从中找出前进道路的方向、破解困难的方法和创新发展的动力,为企业更好的发展和实现中华民族伟大复兴作出更大贡献。谨此,我十分赞同《金道》作者的这一观点和撰写此书的动机。

党的十九大报告指出,"文化兴国运兴,文化强民族强"。中华商道是中华文化的重要组成部分,要想把中国的企业搞好,十分需要弘扬中华商道,也就是弘扬中华文化。

人类文明的历史证明,中华民族要想屹立于世界民族之林,就必须要有文化的引领和支撑。文化是民族的灵魂和血脉,也是商业的灵魂和血脉。企业发展和社会发展一样,离不开文化的先导力及活力的引领和支撑。文化是社会和谐的基石，也是经济发展的动力。

中华文化博大精深，自始至终贯穿着"敬天爱人""天人合一""诚仁孝善""礼义廉耻""兼相爱，交相利""以利人为义，亏人自利为不义"，老子的"既以为人，己愈有；既以与人，己愈多"，墨子的"夫爱人者，人亦从而爱之；利人者，人亦从而利之；恶人者，人亦从而恶之；害人者，人亦从而害之"，所有这些都揭示出人道和天道的客观规律，也指出了从商交易中"诚信"和"利他"思想的重要性。

四大文明古国中唯一没有中断历史的只有中国，这一方面表明了中华文化的博大精深，另一方面表明了中华文化蕴含着人类的正确发展方向。这与中华文化发展的正确方向和中华文化赋予的伟大民族精神息息相关、紧密相连。

经过百年奋斗，中华民族迎来了从站起来、富起来到强起来的伟大飞跃，中国成为世界第二大经济体，而且是20世纪建立起来的社会主义国家，这都是因为中国共产党高度重视马列主义与中国实践相结合，有着道路自信、理论自信、制度自信和文化自信。

中华优秀传统文化不仅影响了中国，而且对世界上诸多国家的发展产生了重要影响。世界上70多个诺贝尔奖获得者曾聚首巴黎，发表宣言说"如果人类要在21世纪生存下去，必须回头2500年，去吸取孔子的智慧"，实际上，就是要吸取中华传统文化的智慧和力量。日本京瓷集团的老板稻盛和夫，一生创办的两家企业都进入了世界500强，70岁后又重整濒临倒闭的世界500强企业日航公司。他应邀到北京大学和中央电视台介绍经验时，送给大家一个成功的秘诀，就是《尚书》中的一句话"敬天爱人"。他强调要"重善行，思利他，敬天爱人"。

所有企业的发展都要重视中华商道和中华文化的传承与弘扬，要在习近平新时代中国特色社会主义思想的指引下，坚持既不厚古薄今，也不厚今薄古的指示，做好对传统文化的挖掘与弘扬工作，使中华优秀文化的基因与当代文化相适应，把跨越时空、跨越国度、富有永恒魅力、具有当代价值的优秀传统文化精神弘扬起来，并通过文化的弘扬塑造好企业形象，进一步提高企业的生产力和创造力，排除企业发展的困扰和阻力，创造企业的新辉煌。

任玉岭
2022年4月5日

（国务院原参事，第九、第十届全国政协常委，国家教育咨询委员会委员，联合国开发计划署可持续发展首席顾问）

自序

商道本真

数千年前,在辽阔的中华大地上诞生了许多超越当时文明的圣人文化,这些反映国家、社会、组织发展本质的文化随着经济的发展在全球各个角落生根发芽,对世界文明产生了深远影响。

数千年来,这些文化瑰宝一直在改变着世界格局,直到近年来才被中国商业人士重新拾起,中华民族从此走上了一条从贫穷到富有、从技术匮乏到部分领域科技领先的复兴之路。这一转变历程是所有中国人的骄傲,也值得所有中国人深思。

本书编撰的目的不是讲述这些圣人文化的发展与传承,而是分享企业如何在圣人文化催生的中华商道中定位成功法则。

许多年来,我充分感受了中华商道之强大,看到了其远超黄金珠宝的价值。为传扬中华商道,我倾注数月心血,潜心编撰了本书,希望它能及时把中华商道传播给更多中国商人,激励并帮助各位读者朋友更快找到成功之道。

中华商道是世界商人由商入道的路径,正如《大学》有云:"物有本末，事有终始，知所先后，则近道矣。"商道之学也是现代商人及企业由术入道、践行天德的正确方式。本书详细揭示了中华商道的运用之法，只要读者朋友们怀着一颗求学之心，就可以从中获得忠告、找到方法、解决问题。这不需要你多么用心地发掘、探索，只要你打开心扉、用心体会，就可以通过本书看清世界、预见未来。

通过剖析这些商业案例的所得、所思、所悟，相信每一位读者朋友都可以从中获益良多，在改变人生、改变世界的旅途中更加顺利。我真心希望各位读者朋友喜欢本书。

李金隆

2022年6月

前言

企业经营是现代社会具有实践性的财富知识,这种决定企业价值的科学知识是当代商业人士梦寐以求的武器。随着中国商业蓬勃发展,国内商业水平逐渐接近西方发达国家,可在此过程中,大量中国企业家舍近求远、本末倒置,放弃中华传统文化的商道理念,转而探索海外商业的经营之法。这种行为也只能带来"橘生淮南则为橘,生于淮北则为枳"的结果,花费大量精力、财力求来的西方"真经"很容易造成"水土不服",偏颇思维更会导致企业发展偏移或频频受挫。

事实上,流传数千年的中华商道一直被世界各国追捧。以生命力顽强著称的日本企业为例,其商业精髓的服务理念与管理之法便源自中国儒家的"利他"与"自律"。由此可见,中华商道才是中国企业、中国企业家不可忽视的法宝。

中华民族数千年中孕育的商道文化早已全方位阐明了企业经营之道,这些具有实践性、传承性的睿智思维也得到了全球市场数千年的印证,如老子的著作《道德经》,被西方人誉为"来自东方的绿色圣经",《道德经》

已成为我国被翻译成外文较多的文化作品。

坚守以中华商道为准则的经营理念，将中华优秀传统文化与主体产业深度融合，在"金道"的发展历程中，作者不仅深切感受到中华商道在哲学层面对现代商业的促进、在操作层面产生的实际价值，还了解到中华商道的思想、理念、知识堪称探索世界商业成功的东方捷径。

秉持"上善若水，水利万物而不争"的中华商道理念，作者将"金道"经营本质详细编撰成书，与读者朋友一起感受中华商道的强大与深远，希望本书可以帮助更多中国企业、中国企业家开辟一条探索现代商业成功的道路，为中国商业发展贡献力量。

目录

第一章　水利万物，道法自然：
如何在波动中持续稳定发展　　1

01　上善若水，水利万物而不争　　2
02　那些持续存活的企业做对了什么　　5
03　合作才能共赢　　9
04　企业如何从竞争走向共生　　15
05　后疫情时代，如何保持竞争优势　　18
06　"利人"与"利己"，如何平衡　　21
07　互联网时代，企业如何向死而生　　26
08　离开系统化运营，企业无法独活　　30
09　面临市场波动，你能持续经营吗　　36

第二章　水广鱼大，山高木修：
创造能自生的财富循环　　39

01　水广鱼大，山高木修　　40
02　苹果手机的生态为何经久不衰　　42
03　企业如何进行同业/异业整合　　45

第三章 | 滴水成河，各尽所能：
把人的力量发挥到最大　　51

01 聚少成多，滴水成河　　52
02 企业如何用好那些"超级个体"　　55
03 高明的领导，善于用人如"器"　　58
04 用人之长，天下无不可用之人　　67
05 企业成功的本质，是用人之道　　75
06 选对人，用好人，养高人　　81
07 将军必须出自英雄　　84

第四章 | 水深鱼聚，德厚才聚：
经营企业就是经营德行　　93

01 林茂鸟有归，水深鱼知聚　　94
02 企业的文化与德行，是企业的根本　　98
03 好的企业，都善于经营文化　　101
04 以高薪招人，更要以"文化"留人　　109
05 企业的竞争，归根结底是文化的竞争　　116

第五章 | 称薪量水，精益求精：
走得稳才能走得远　　119

01 如切如磋，如琢如磨，治之已精，而益求其精　　120
02 狂飙突进的企业为什么都活不长　　125
03 走得稳，才能基业长青　　130
04 企业"走得快"与"走得稳"相辅相成　　136

第六章 | 山高水远，胸襟万里：
以宏大的战略定力前行　　141

01 知止而后有定，定而后能静，
　　静而后能安，安而后能虑，虑而后能得　　142

02 战略定力，是企业发展的基石 146
03 为什么经常换战略的企业都倒了 148
04 企业迅猛发展是不是冒进 154
05 当今世界的脆弱与"反脆弱" 158
06 战略定力能以不变应万变 163
07 战略定力并非一成不变，要么创新，要么死亡 166

第七章 看风把舵，借势用势：
永远不要与趋势为敌 171

01 善战者，求之于势，不责于人，故能择人而任势 172
02 顺趋势而为，是企业基本的修养 177
03 每家企业，都是时代的产物 181
04 企业顺势而为，远远比勤奋更重要 186
05 战略定力与顺势而为的辩证关系 191

第八章 乐山乐水，金道永传：
基业长青的秘密 197

01 大道至简，法无定法 198
02 世界五百强企业都做对了什么 201
03 基业长青靠的不仅是耐力，也是运气 204
04 欲速则不达，见小利则大事不成 209
05 基业长青的文化里，必有"金道" 213
06 每家企业都有基业长青的基因 215
07 顺应大道的企业，都可以基业长青 217
08 大道无形，但企业有形 220

第一章

水利万物，道法自然：
如何在波动中持续稳定发展

长久以来，中华传统文化始终在全球商界中发挥着重要作用。理解了中华传统文化的商道思想，便可以把握企业与市场、与社会合体发展的精髓，便无惧商海起伏，扬帆驰骋，逐梦远航。

01 上善若水，水利万物而不争

做人，做企业，以利他善行发展，便可如水般悄然润泽万物，不争名利却名利双收。市场瞬息万变，企业在经营、管理中，如果一味追求名利，很容易在市场波动中被遗弃、被淘汰。如果企业像水一样润万物、利万众，就会被万物万众视为生存所需，为万物万众所利。

"求木之长者，必固其根本；欲流之远者，必浚其泉源。"中华优秀传统文化是中华民族赖以生存与持续发展的精神力量，是涵养社会主义核心价值观的不竭源泉。当代商场错综复杂、纷扰不断，企业当以何种姿态发展、何种思想进步？

效法天地自然之本，培养清净无私之性，进而了解万物生长的真理，企业及企业家便可以突破局限，绽放现代商业强者的独特魅力。这一答案既是对当代商业发展的总结，也是对自我成长的感悟。

数千年来，在中华传统思想的引导下，全球政坛、商坛中走出了无数伟人，这些博大精深的哲理阐明了商道发展的规律。可见，中华传统文化对事物发展规律的分析、对商业法则的解读无比透彻。它精准预测了数千年的商业规律，精准把握了宇宙之道、社会之道、商业之道及人生之道。

例如，老子用五千余字阐明的"道"便是全球商界瑰宝。美国学者迈克尔·哈特在评论老子《道德经》时指出："这本书虽然不到六千字，却包含了许多精神食粮。"美国哈佛大学教授约翰·高认为《道德经》是一本有价值的关于人类行为的教科书。德国哲学家尼采认为老子的《道德经》像一个永不枯竭的井泉，满载宝藏。曾担任财富五百强公司高级执行官的詹姆斯，把《道德经》尊为新世纪的商业理论。

我在《道德经》中学到了"上善若水，水善利万物而不争"的经营哲理，理解了中华传统文化的商道思想，从而抓住了企业与市场、与社会合体发展的精髓。

"上善若水，水善利万物而不争，处众人之所恶，故几于道。"现代商业发展、经营恰需要如水般的战略眼光，强化自身利他属性，凝聚润物德行，那么市场、社会就会视企业为水，并依水而生，因水而融。

企业在发展过程中，借鉴水谦卑的态度，站在市场角度主动解决行业问题，以提升行业整体水平为己任，寻得利万物、利万众后为万物万众所利的"水之道"。

"得道多助，失道寡助。"水利万物而不争是得道之途，火灼万物而自胜是失道之路，这是水向当代商业明示的发展之道。

水利万物而生生不息，火灼万物而万众避之。遵循"水式"发展，立足大众利益，满足大众所需自然更受追捧。企业持利己之心发展，则会走上消耗资源的道路，待资源耗尽，企业也走到了尽头。

水利万物，是因水可融万物。在天为云霞，为万物遮蔽烈日，飘落为雨雪，为万物带来滋养；在地为江河湖泊，为万物带来生存环境。企业发展当如水一般，依万物所需转变自身形态，用融入"万众"的方式提供更多利益，健全"万众"生态，让万众产生依赖，这便是水之道。

正所谓"智者乐水"，商业时代是一个比拼智慧的时代。企业如能凭借"水"之感悟，凝聚"水"之品格，就能够在现代市场异军突起，长久立足。

02 那些持续存活的企业做对了什么

"天之道，不争而善胜。""不争"是商业思维，是经商之道，是当代企业不惧挑战、磨难持续存活的关键。不争不是避让、退缩，而是不与他人争、不与市场争，仅与自己争的处世之道。不争代表自强、自律、自省，这种智慧足以让企业内无忧、外无患，任沧海横流终屹立不倒，任风云变幻皆宠辱不惊。

2020年，经历新冠肺炎疫情冲击后依然坚挺的企业向所有人诠释了中国企业的生存逻辑与发展策略。

◎ 百年老店为什么能成为百年老店

中国市场的百年企业虽不多，但百年老店为数不少。很多人一直奇怪，这些老店规模不大，实力不强，却可以延续百年，其中奥秘何在？

分析过中国各行各业中上百家百年老店的经营之道，你会发现这些百年老店虽然规模不大，不主动寻求发展，但是非常健康。它们皆具备一种"不争"的智慧。这些智慧或表现为严格的家训，或表现为创新的能力，或表现为稳重的性格，或表现为自律的特点。秉承"不争"的理念，这些百年老店看似平平无奇，却可以在各种情况下转危为安，稳定长久地经营。这种"不争"就是中华传统文化的商道精髓。

老子云"圣人抱一为天下式"，"抱一为式"正是不争于外、自律正身的表现，是大多数百年老店延续的秘诀。放眼全球，九成以上百年老店都坚持着"抱一为式"的发展。背弃了"抱一为式"的原则，百年老店就无法抵御市场的冲击。"抱一"是做一厘米宽度、一公里深度的专注。在这一厘米的宽度中，百年老店拥有一百多年的经验优势，经营方法也经过百年时间验证，所以在这一领域中很少有对手可比肩，这些老店的生命力自然强大到难以想象。

虽然现代企业没有百年老店的积淀，但我们可以学习"抱一为式"的德行，打造德行兼备的企业品质，这是百年老店必备的特质。

例如，拥有三百多年历史的北京同仁堂，创始人乐显扬是清太医院吏目，乐家世代行医，而乐显扬热衷方药，精研修合之道，当上太医后便在北京开创了供奉皇室御药的金字招牌——同仁堂。

乐家家训教导，乐家子弟必恪守"仁"道。同仁堂在数百年经营中始终坚守"仁"道，便有了经常赠送平安药，救助穷困，成立普善水会施善一方百姓的举措。随着同仁堂名号越发响亮，同仁堂便成了高官达人眼中的品牌，后又得到慈禧太后的赏识称赞。

企业在发展中，致力于口碑打造与品质突破，以"智"举诠释"仁"道，以创新举措提高客户利益与行业高度，乐于彰显"水"之品质。"水利万物而不争"，"不争"便是"利万物"之本，是企业长久之根。利万物，水可流百年而不竭，店可营百年而不倒。

◎ 我们应该向长期主义者学什么

何为商业强者？能够抓住商业发展本质，为自己争取有利局势，从而直达要害，主动破局之人，就是商业强者。

何为时代强者？能够时刻保持清醒，不计较一时得失，而谋求未来利益的长期主义者，就是时代强者。

分析过知名企业、成功企业家的成长经历后不难发现，真正的强者不仅强在商业方面，更强在格局方面，强在登高望远的眼光。例如，中国的百年老店恪守了"抱一、立德"的经营准则，千百年来无惧风云变幻、不畏时代更迭，这是现代大型企业都羡慕的能力。

"譬如为山，未成一篑，止，吾止也。譬如平地，虽覆一篑，进，吾往也。"这是经典的儒家文化，同时诠释着商道精华。商业发展贵在持之以恒，贵在日有寸进。只有秉持"行百里半九十"的态度，企业才可获得更大成功，才可走得更久远。只有通过不断积累，才能够填平一路沟壑，积聚翻越山峰的磅礴力量。

"图难于其易，为大于其细；天下难事，必作于易；天下大事，必作于细。是以圣人终不为大，故能成其大。"处理任何事情应当从简单入手，《道德经》不仅为当代商业人士指明了长期主义的方向，也阐述了践行长期主义的方法。实现远大的目标当从细微处入手，圣人不急于求成，所以才能成就大事。

对此《道德经》还补充道"大器免成；大音希声；大象无形"，即美好的事物往往需要长期的磨炼才能形成。

《论语》又云"欲速则不达，见小利则大事不成"。这句话同样值得商业人士深思，它阐述了长期主义的经营技巧——成功需要积累与沉淀，从量变达到质变需要一个过程，同时这句话也告诫了当代企业家勿因眼前利益忘却远大目标。

可以看出，无论是道家还是儒家，都强调长期主义需要戒骄戒躁。在时代发展中，当用长远的眼光看待当下作为，不因蝇头小利背弃初衷，不因一时挫折、诱惑影响发展本心。唯其如此，商道才能长远、坦荡。

03 合作才能共赢

共赢是商业发展、市场运作的本质，不过随着时代发展，大多数营商者认为，共赢只存在于企业合作之间，市场与行业内更多地存在竞争。

事实上，"合作共赢"在我国传统文化中早已提及，并在中华商道中被广泛运用，比如"天人合一、万物相生"中就包含"合作共赢"的商道理念，这种理念是传统文化对商道的一种诠释。但在回头审视当代市场后，人们又不禁感叹，"合一""相生"的商道精髓已被无数中国商人忽视，市场中充斥更多的是聚焦于利益与财富的目光。

试想，如果现代营商者只注重利益，而忘记自身承担的社会责任，那么它很难与市场长期契合，也难以被社会认可，但不得不承认这种商业思维如今存在于现代市场的各个行业中，也影响了无数企业的发展模式。不难看出，拥有此种发展理念的企业拥有一个突出共性——以"利己"为发展准则，甚至可以不择手段。

事实上，在这种商业思维下，企业可以一时获利，却难以长久立足。因为早在数千年前儒家思想就阐明了正确的处世思维，"君子有所为有所不为"，企业如不能分清"何可为何不可为"，其结果自然会被市场淘汰。

我非常推崇儒家的君子理论，更坚信没有哪家企业可以揽下所有业务，所以，在企业发展历程中，我们始终要以"利于客户、利于市场"为行为准则，坚信只有合作共赢、抱团取暖，企业才能够走得更长远。

另外，我认为市场竞争不是当代营商者忽略共赢的理由，因为市场竞争并非有百害而无一利，强大的竞争对手更值得我们学习。从商道逻辑出发，市场中每一家企业的发展都不应以"独大""独利"为目标，如果企业在注重强大自身的同时开辟更多市场空间、创造更多机遇，这些机遇就可以带动行业整体发展，自身发展环境将得到优化，自身行业地位也将不断提升。

如果我们以"利他利市、合作共赢"的思维将更多发展机遇与合作伙伴共享，一定会获得行业的认可与好评。

因为我们坚信经营企业就是在经营社会责任，所以这需要市场中每一个个体相互扶持，真诚合作。要坚持竞争对手间可以争输赢，但不可论生死的发展理念，因为我们认定企业发展的压力更多地来源于自身弱小，而不是对手强大。只有明白了这一道理，企业在发展过程中才可以发现更多合作机遇，而不是只看到前行的障碍。

另外，行业竞争激烈也不代表一定要出现大量淘汰者，现代商业发展，在同行业中可以出现多位胜出者，哪怕两者是完全对立的关系。这里要借用一则新编寓言故事，这则故事恰恰说明了合作的重要性。

兔子在第一次赛跑中输给乌龟后非常不服气，于是约乌龟再赛一次，乌龟也痛快地答应了。在第二次赛跑时，兔子吸取了上次失败的经验，一口气跑到终点，轻松赢得比赛。

这一次，乌龟又觉得不服气，对兔子说现在比赛成绩是一比一，最后再赛一场定输赢，而且这次比赛乌龟和兔子可以各选半程赛道。就这样兔子决定选择前半程赛道，乌龟选择后半程，比赛在三天后开始。

三天过后，兔子和乌龟来到赛道前都傻了眼。原来兔子选择的前半程赛道中全部是深坑，虽然兔子可以轻松跳过去，但乌龟掉进去便很难出来，而乌龟选择的后半程赛道中有一条宽宽的河，不会游泳的兔子根本无法到达对岸。

这时，兔子对乌龟说道："乌龟老弟，你看现在这个情况谁也成不了最后的赢家，不如这样，前半程我背着你跳过这些深坑，后半程你背着我过河，最后我们一起到达终点，怎么样？"

乌龟思索了片刻后，愉快地答应了兔子的要求，就这样决赛以龟兔双赢作为结局。

龟兔双赢的新故事诠释了现代市场资本的理念转变，争者有所耗，和者有所赢。我国儒家哲学中也倡导"大道之行，天下为公"与"协和万邦，和衷共济，四海一家"的理论，"和"的理念便是共赢、双赢的商道。商业赛道的比拼并非为争输赢，而是为激励彼此早日到达终点。如果在赛道中企业可以相互扶持，相互弥补，那么彼此前行的速度必然会加倍。

在移动互联网时代到来后，我认为"同行是冤家"的理论已彻底过时，合作共赢才是现代商业的特色，单打独斗的发展思维很难在当代市场长期存在。纵观当代强者，无一不是团结协作、寻求共赢的智者，集众人之力开创全新境界，合众人之智共创美好未来。正是遵循着这一商业逻辑，企业得以顺利开拓，获得良好的发展环境。

很多人认为，合作共赢适合传统商业时代，在移动互联网技术打破了时间与地域的限制，拓展了行业宽度与市场范围后，现代企业更应该思考如何充分发挥自身作用，从市场中获取更大价值。科技进步为商业市场带来了更多机遇，但我不认同这种把握机遇的方式。的确，互联网市场的到来让传统行业竞争焦点由地域转变为创新力、品牌力，但采用合作共赢的方式发展，企业创新力、品牌力的提升速度远超孤军奋战，市场利益也将翻倍增长。

在多年的经营中，我结识了众多同业精英，在与这些朋友沟通交流的过程中，彼此就企业的发展理念、市场未来趋势达成共识。我认为善于联合对手的商人更受市场青睐，因为这类人能够打破诸多市场困局，而那些闭门造车，把对手当敌人看待的商人，往往会被自己的格局限制，发展举步维艰。

◎ 什么样的人才是真正的企业家

在企业发展过程中，我感受到中华商道是当代成功企业家必备的制胜法宝。

比如中华商道提出的基本从商守则——诚信，在当代优秀企业、企业家身上都可以得到印证。华为有"坚持诚信经营、恪守商业道德"的经营承诺，京东坚持"以诚信立足中国走向世界"的发展战略，这些企业领导者都将诚信文化贯穿企业经营发展的细节当中。

比如被全球商界倡导的"利他"理念，早在很久以前就被当代经营之神稻盛和夫视为企业生存之本。这些商业强者的特质就是成为合格企业家的关键。

马云曾说过，生意人、商人和企业家是不同的群体，生意人以赚钱为目的，商人有所为有所不为，而企业家，是要承担社会责任的。企业家要具备企业家精神，创新是企业家精神的灵魂，冒险是企业家精神的天性，合作是企业家精神的精华，敬业是企业家精神的动力，执着是企业家精神的本色，诚信是企业家精神的基石。

总体而言，我认为深谙中华商道、紧守商业本心的营商者才是真正的企业家，这些人可以借用商道精髓应对市场波动，可以在激烈竞争中脱颖而出，可以准确定位企业发展之路，可以成为他人眼中的榜样、楷模。

◎ 成功企业做对了什么

"不积跬步，无以至千里；不积小流，无以成江海。"当代营商者大都望眼千里，胸怀江海，可唯独忽视了跬步与小流。很多人问，企业为何可以高速发展，以新锐之姿无惧市场挑战，斩获今日成就？我们对此的回答十分简单，我们只是做对、做好了每一件小事，发展不过是水到渠成而已。

在当代商业强者身上思考商道理念，我们发现中国优秀传统文化在当代商业中得到完美诠释，而且关键的传统文化可以帮助企业转危为安、持久进步。

华为之所以是一个伟大的公司，是因为在它一次次置身于危难之中、置身于生存边缘之时，我们看到了"居安思危，思则有备，有备无患"的经营理念，任正非通过这种商业智慧带领华为成功抵御美国政府的恶意打压以及新冠肺炎疫情的无情冲击。

我们从小米公司看到了"行有不得，反求诸己"的发展思维，凭借这种思维，雷军带领小米公司屡次破局，让小米无惧市场竞争。在中华优秀文化的加持下，我对企业发展的总结就是："对"的积累就是成功，更多"好"的坚持就是卓越。

04 企业如何从竞争走向共生

商海沉浮中总有暗流汹涌，大浪淘沙间也难免存在挫折坎坷。后疫情时代为当代市场带来了巨大改变，更多企业意识到共生的重要性。虽然国内市场的竞争依然激烈，但行业间、企业间的依赖性不断加强，我国市场逐渐呈现出共生共荣的发展态势。

如果问为何有的企业可以在市场动荡、时代更迭中屹立不倒，理由应该是它更早认识到了共生的重要性。

凡事有因才有果，有果必有因。因果就是"道"。做事顺因求果，就是依"道"行事。"满足客户需要"和"赢利"二者之间有一个因果关系。对于企业来说，"赢利"是果，"满足客户需要"才是因。我们要想得到"赢利"之果，就必须尽一切所能"满足客户需要"，也就是做好服务。这是企业经营的根本之"道"。

我认为企业的本质是"共生"。人的因素在企业的发展中已全面地超越了物质机械设备的作用。未来一切卓越的企业都只能是智慧型的企业，而在一个成熟的智慧型企业当中，每一个人都可能具有不可替代性。因此，未来好的企业应当是尽可能地网罗人才并使企业组织内所有人实现最大可能发展和最高层次共生的平台。

中国人向来讲究和谐、共生。只有我们每个人都从责任出发，才能构建与他人和谐、共生的关系。

在工业文明时代，因为要满足客户需求，所以企业间必然是竞争逻辑，想要赢得客户，需要有比较优势。但到了数字时代，企业追求的不再是满足客户需求，而是创造客户需求以及实现客户价值。当企业经营的宗旨转变为创造客户需求和实现客户价值的时候，你会发现，起决定作用的已经不再是比较优势。现在你只有和更多的人合作，更多的价值空间才能被创造出来。

当代商业从竞争走向共生的变化不是商业逻辑的主动变更，而是顺应市场需求变化发生的转变，这种转变是现代市场发展的必然趋势。

在分析当代商业市场发展节奏的过程中，我们发现自媒体时代消费者需求点与需求频率的大幅提升促使行业技术创新速度与频率随之提升，这种市场供需关系升级拓宽了各行业的技术维度，各企业凭借自身技术优势规避了大量竞争，并满足了客户需求，进而健全了市场体系，扩展了企业生存空间。

不得不说，自媒体时代到来后，很多企业通过创造消费者新需求的方式获得良好发展。在互联网技术、AI技术、新媒体技术的加持下，各种新型时尚元素频频出现，而潮流趋势必然引发消费者需求的增加，引领市场经济的增长，这无疑为国内企业释放了更多发展空间。

商业市场的变化促使企业发展重心由外向内偏移，我认为企业只有强大自身才能紧跟市场发展，才能在市场中长久生存，这是现代市场的特色，也是现代商业从竞争走向共生的原因。

05 后疫情时代，如何保持竞争优势

2019年12月，一场突如其来的新冠肺炎疫情改变了人类生活，在两年多的时间里，全国人民团结一心，共克时艰。经历这场疫情的洗礼，我国商业人士感悟良多，既有劫后余生的感慨，也有磨难之后的智慧沉淀。面对着后疫情时代的市场新局势，如何保持竞争优势，如何百折不挠，成了商业人士需要思考的新问题。

中华商道有云"夫唯不争，故无尤"，善用"不争"思维，企业在后疫情时代可保持稳妥、健康，并不断扩大自身竞争优势。纵观当代商业市场之强者，他们无不深谙此道。

新冠肺炎疫情席卷全国，零售市场几乎全面停滞，传统零售行业损失惨重，大润发、永辉超市等知名连锁品牌受挫最为严重。可后疫情时代来临后，这些强者以独特的战略思维迅速扭转局面，在零售市场寸土必争之

时，重塑自身竞争优势。

其中，大润发根据市场人员流动受控的特点，选择化整为零的发展战略，转向小店经营。"大润发mini"店迅速抢占国内三线以下城市市场，更带动盒马、宜家等品牌纷纷效仿，加速了行业整体的经济复苏。

永辉超市利用市场趋势偏向高端自主品牌的契机，打造"永辉优选"，将线上线下渠道融合，令其在2020年取得了全年营收931.99亿元、同比增长9.8%的成绩。

大浪淘沙沙去尽，沙尽之时见真金。这是中华商道的智慧法则，也是时代的演变趋势。

后疫情时代来临，亟待重振品牌雄风的企业更需要冷静。争，容易两败俱伤；不争，以"上善若水"之势反而可重塑企业优势。我认为"不争制胜"之道重在求稳、思变。

企业求稳，才能求变。求稳需强化企业体质，强化企业根本。为何德国制造企业可以无惧全球风暴，为何日本技术不怕市场动荡？经过分析可得出，德企、日企具有更健康、更稳固的体制，其核心竞争力始终是用户刚需，是市场焦点，所以德企、日企才能够在百年风雨中始终屹立不倒。

我们这些民营企业应当从中思考这些企业发展壮大的原因，思考自身与它们的差异，并思考稳固自强的策略。因为后疫情时代是微利时代，急躁、暴利心态只会增加企业经营危机，企业只有体制健全、策略无纰漏才能发挥出强大的竞争力。

只有市场获利、客户获利后企业的价值才得以体现，企业才会收获利益，这也是"水利万物而长流不断"的原因。水不争才得以取胜，水无欲才收获了万物敬仰。

老子曰："立于不争而无忧，立于不争而有成。"此话在中华商道中被理解为规避竞争，另辟蹊径。随着新冠肺炎疫情的缓解，市场出现新需求、新业态，差异化思维可帮助企业及时捕捉到这些机遇。例如，疫情防控催热消杀市场，提升了全民健康意识，与健康、防控元素相关的企业更受欢迎，产品更受青睐。

06 "利人"与"利己",如何平衡

"财自道生,利缘义取。"千百年来我国商业发展一直注重"道义"。古代君子爱财,取之有道。所谓"道"正是指"义",严于律己,视"不义而富且贵"若浮云,是我国商道的本真。随着中国商业走向世界,西方商道流入中国市场,大量中国企业家趋之若鹜,开始盲目推崇西方强国的经商之道,而忽视了中华商道的可贵之处。

事实上,中华商道数千年来一直被世界强国追捧,甚至是很多西方商道的起源。比如全球企业生命力强劲的日本,其商道精髓不过"利他"与"自律",对比中华传统文化,"利他"与"自律"同样源于中华商道的"道义",由此可见,中华商道才是改变世界商业格局的核心要义。

在中华商道的研读与践行中我意识到,利他之心并非单纯地给予利益,而是一种思他人所思、想他人所想的经营理念。所以每当企业遇到发

展瓶颈时大家都会思考应该带给客户、市场、社会、国家哪些利益，创造哪些价值才能够获得认可与青睐，而问题的答案往往就是突破瓶颈的方法。纵观世界商业的发展历程，持"利他"之心的企业可以长久发展，而怀"利己"之心的企业则很难有太大作为。正如《周易》有云"积善之家，必有余庆；积不善之家，必有余殃"，意思为善有善报、恶有恶报是天地间不变的规律。很多企业家认为"利他"理念仅适用于市场平和的年代，现代市场过于嘈杂、纷扰，很多企业岌岌可危，再考虑"利他"并不现实。"尽精微，利他心，择一业，终一生"才是企业伦理之根本，是市场发展之规律。无善举则无善得，利他才是利己，利他才可利企。

在新冠肺炎疫情防控期间，国内无数企业受挫，大部分受挫企业节约运营成本，减少一些不必要的开支，甚至不惜降低客户体验。但我认为，越是磨难之际，越需要利他而忘我。企业只有先行"利他"之举，才会有"利己"的回报。正如《青箱杂记》中的名言"有心无相，相逐心生；有相无心，相随心灭"，意思为内心远比外表重要，内心决定了外在的行为。当代从商之人如不怀有"利他"之心，则很难有"利他"之举，自然也就没有"利己"的结果。

我认为，"利他"与"利己"本是恒久不变的平衡关系，以"利己"之心经营企业很难做到"利他"，以"利他"之心付出，企业才能长期"利己"。

想要在更大范围内成就自己，就需要得到来自更多人的力量和认同。所以，利他精神发展到极致最终还是成就自己。

◎ 从商海沉浮中突围出来的企业，给了我们什么启示

世界发展遵循变化规律，万物变化无常，分合无定也是中国商道强调的关键，正如当代商业至理名言"这个世界唯一不变的就是变化"。在变化的商业市场当中，企业命运多舛，与其说企业时运不济，不如说营商者未能适应变化。解读当下商业格局，从商海沉浮中突围而出的强者带给了我们诸多启示。

只有牢记商道本真是营商者驰骋商海的关键，企业才不会随波逐流，才不会被商海淘汰。放眼全球市场，强势企业的核心竞争力无一不是为客户创造价值，提升客户体验感。

事实上，任商海沉浮，营商者只需经营有方便可无惧风云变幻。尤其在体会到我国传统文化的博大精深之后，我对中华商道智慧足以应对市场波动更是深有感触。

比如《孙子兵法》的"校之以计，而索其情"，便是现代企业应对竞争的基本法则。这句话的意思为综合对比双方实力，再探讨胜负的情形。现代企业发展也需要判断自己所处的形势，明白所面对的具体危机，再制定针对性策略。

我将这一商道智慧运用到了企业资源的扩展当中，通过对全国各类资源的实力分析，结合企业的发展所需，不断调整节奏，这也是我国商界中常见的"论道"之举。

《周易》有云"夫大人者，与天地合其德，与日月合其明，与四时合其序，与鬼神合其吉凶"，其意为强者必懂得效法天地的广袤与无私，观

赏日月的光明与宁静，按照春夏秋冬的顺序调整生活秩序，并且时刻保持一颗敬畏之心。

从这句话中，我们了解到在动荡的市场中更应该找到市场变化的规律，紧随市场变化才不会脱离市场。企业如能与市场波动保持同频，便感受不到波动，并处于市场前沿。

营商者当有"任凭风浪起，稳坐钓鱼船"的心境，则不惧市场的波动，保持本心。长久自治、见招拆招、不为所动，才是企业长久发展的正途。

中华传统文化蕴藏的经商之道可助当代营商者无惧时代变迁、风云变幻，在波动中屹立不倒。我一直以发扬中华传统文化为己任，希望更多中国营商者从中收获智慧，中国商业得以在世界傲视群雄。

◎企业的自媒体之道

时代发展促进商业进步，商业腾飞促使时代交替，这是历史发展规则，也是商业发展特色。在不知不觉中，现代商业已经进入了自媒体时代。信息高速交互、时间空间界限逐渐模糊的时代特色，有时候会让人产生一种迷惘感。

冷静之后，我们对自媒体时代有了客观定义。这是一个最好的时代，也是一个最坏的时代。虽然定义矛盾，但我认为这种描述更为准确。

自媒体时代的好，在于它赋予了商业市场强大的活力，打破了无数发展的束缚，为商业市场拓展了广阔空间。这一强大风口提升了商业水平，开创了全民可商、商无边界的市场格局。很多企业是时代红利的分享者，通过自媒体市场发展，客户群体不断扩大，用户体验感不断上升，品牌效应不断升级。

自媒体时代的坏，在于它高速发展的无序、红利分发的过度，导致无数企业、无数营商者忘记了商业本真，单纯追求利益。我不否认利益是营商的主要目的之一，但坚信"君子爱财，取之有道"才是营商的本质。在红利驱使下，很多当代商人只注重"利己"，忽视"利他"，这令当代商业市场充斥了过多不安因素。

正如博商教育张琦所说："在数据化时代，做品牌更容易了。抖音、小红书、B站、知乎上持续半年输出几千个内容，再请超级网红和中腰部网红为品牌做种草和背书，那品牌瞬间就起来了。为什么呢？因为这个时代打造品牌的逻辑都发生变化了。在工业化时代，传播和渠道是分开的，传播和购买也是两个时空。但是现在呢，所见即所得，看到即刷到，刷到即买到，传播和渠道已经合二为一。"

不得不承认，自媒体行业发展初期，市场乱象横生，截至2022年，依然频频出现大V翻车现象。我认为如果自媒体之道能够与传统文化结合，注重"利他"之举，那么中国自媒体市场应该可以更加蓬勃、更加稳固。

自媒体行业要遵循"以本固本，以利他求利己"的商道思维，更多借助自媒体平台实现企业升级、模式转型，但商道本真不变，这种求稳不求变的经营理念让企业在时代更迭之时紧随潮流，在市场变革时期突围而出。

07 互联网时代，企业如何向死而生

个性张扬的互联网时代最为考验商业思维与商业理念，一旦理念偏颇、思维偏移，营商者很难定位生存之道。在乱象嘈杂的环境中稍有不慎容易落于人后，一次疏忽容易万劫不复，其主要原因不是营商者遭遇了重大挑战，而是其未学会向死而生。我非常欣赏华为创始人任正非的一句名言"企业应该在春天思考冬天的事，不死的企业往往是向死而生"。

大数据赋能的智能商业时代已经到来，腾讯之父马化腾的话更能说明问题："互联网已不再是新经济，它是主体经济不可分割的一部分，现在越来越多实体、个人、设备都连接在一起。互联网改变了媒体、零售和金融等行业，未来将改变每一个行业，传统行业即使还想不出怎么结合互联网，但是一定要具备互联网思维。"

目前，很多传统企业依然采用凭感觉、凭经验的策略经营发展，过程

中经常遇到以下几种困扰。

一是用户粘性始终无法提升，用户与企业之间没有感情，只有生意。二是企业运营机制与市场发展无法长期保持同频，企业长期处于被动跟随市场趋势发展的状态。三是企业供应链看似完整，实则不牢固，任何一个环节出现问题，企业运营都将受到影响。

这些困扰正是企业不懂得结合互联网商业思维，不懂得向死而生商业道理的重要表现。下面我们来分享一个具有代表性的案例。

我国小家电领域的著名企业九阳集团就曾经历过上述情况，尤其在移动互联网时代到来后，九阳集团的发展频频受挫，特别是面对线下庞大的实体产业链时，逐渐出现经营乏力的状况。在这种情况下，九阳公司开始转变经营策略，主动拥抱互联网思维，并以向死而生的态度进行了一次开拓性经营创新。

九阳公司升级策略颇具互联网特点，公司通过微信平台的"企业号+服务号"方式开始建立线上销售渠道，大力拓展线上用户，经过短时间的运营操作，九阳在线上市场站稳了脚跟。

随后，九阳公司立即在企业号启动了一项"用户接触计划"，这项计划以九阳导购员为线上终端节点，再以全套线上服务准确连接用户，九阳线上品牌、销售口碑迅速提升。

对于用户而言，九阳公司的互联网思维转变带来了更便捷的售后服务，消费体验与服务品质同步提升。对于九阳公司而言，自设互联网经营模式的转型彻底扭转了被动发展局面，开拓了全新市场，所以这次转型升级实现了共赢。

从九阳的发展历程中可以看出，现代企业的互联网思维可以视为企业的战略性资产，这种资产能够帮助企业获得以下三种发展优势。

（1）高效连接市场，提升企业核心竞争力。

（2）充分激活企业资源，无限延伸市场边界。

（3）聚焦业务核心，为品牌附加互联网价值。

有了这三种优势，现代企业便可以在竞争激烈的互联网市场中稳定发展，企业危机应对的能力更加突出，企业发展的状态由此转变。

从当代成功企业互联网转型的发展中可以总结得出，这种商道思维的培养可以分为以下四个关键步骤。

1. 转思维

转思维是指商道思维结合互联网时代特点产生的转变。当代企业经营者、管理者需要充分思考传统商业思维如何结合互联网，如何快速迭代整合，如何顺应互联网时代发展迅速打造出企业特色。只有转变思维，企业经营策略才能及时调整。

2. 改机制

由于互联网商业思维与传统商业思维区别较大，所以企业转变经营思维后一定要匹配调整运行机制。比如互联网市场注重运营专业化和细致化，流程化、粗放化的传统生产经营模式并不适用，所以及时调整运营机制才能确保企业在互联网时代能够随时应对各种商业竞争、市场冲击。

3. 创模式

思维与机制调整完成后，企业便可以进行互联网商业模式创新，这种创新是传统运营模式与互联网思维的大胆结合，也是企业充分借助互联网资源壮大发展实力的主要表现。比如借助线上流量扩大客户群体，利用物流系统加快运营速度等，经过互联网商业模式创新，企业效益可以稳步提升。

4. 建平台

搭建互联网商业平台是企业进行互联网转型的关键举措，互联网商业平台的类型众多，对企业发展的促进作用各不相同。比如基于企业主体产业建立的互联网内部办公管理系统能够提高企业运行效率，企业打造的销售终端平台能够帮助企业迅速建立品牌，企业打造的客户互动平台能够增强营销效果，赢得客户口碑。只有完成平台搭建，企业才能够全面完成互联网转型。

总体而言，互联网时代企业向死而生的主要策略正是结合互联网商业思维，积极转型创新。顺应时代趋势，利用时代力量，企业自然能够融入时代潮流，斩获更多发展成果。

08 离开系统化运营，企业无法独活

"道生一，一生二，二生三，三生万物。万物负阴而抱阳，冲气以为和。"万物发展遵循着人、地、天、道互不相违、互不冲突、相互和谐、有序发展的法则。

从老子的"道"中我们感受到了万物相生相克、彼此依赖的商业至理。商海竞争激烈，但企业发展所需的一切资源全部来自市场，来自商业系统。离开系统化运营，所有企业都无法独活，这是现代商业发展的不二法门。

所以企业发展也是商业系统发展、市场行业发展，只有认清这种发展理念，减少行业内耗、共建良好生态，我国商业发展才能够展现本色。

站在市场全局角度，以系统化运营模式思考每一次发展布局，行事顺应商业规律、自然规律，在强化系统运作时，也会收获市场趋势赋予的发

展红利。

企业想要长期融入环境、顺应时代，需要从环境、时代角度出发，思考系统化运营方式。只有意识到行业强、市场强，自身才能真正强大的道理，企业发展才能够更加长远、稳定。

我发现当代商业强者大都能够明白这一道理，比如股神巴菲特。我阅读过巴菲特写给股东的信，也将巴菲特的职业生涯、关键决策进行过详细分析，最终发现巴菲特的思考不是为了行动，而是让自己具备辨识的能力，及时发现行业、市场运营的关键逻辑，并领导企业做出正确的选择。

可见，"道生一，一生二，二生三，三生万物"的商业理念不仅说明了企业离开市场无法独活，也明确了企业应当满足市场、服务行业的责任。只有遵循这种商业思维，企业才能够成为市场刚需，无论市场如何动荡，企业仍旧可以表现得虽愚必明、虽柔必强。

◎ 企业的人才、资源是如何流动与循环的

在现代企业发展的过程中，人才与资源的流动方向、循环方式都存在着诸多问题。比如人才流动不是遵循自身价值体现的方向，而是向着利益制高点变化，资源利用不是为了服务市场、大众，而决定于利润比例。这些发展方式导致企业很难产生良好的内部自循环，更难以与市场长期发展相契合。企业人才、资源的发展应该秉持正向原则，流动的方向应是价值最大化，而不是利益最大化。

通过分析当代知名企业人才与资源管理策略，结合中华商道精髓，我认为一家健康企业需要确保人才与资源始终处于储备丰厚的状态，在市场波动、企业升级以及日常发展中，为企业注入强大的动力。

例如，中商大学创办人、中商控股董事长吴帝聪先生曾深度分析了我国知名强企华为公司的一套人才培养战略，并将分析所得编撰成《华为核心竞争力：华为人才培养的16条规则》一书。这本书提到华为公司培养人才的重点分为16项，具体内容如下。

（1）奋斗——长期坚持艰苦奋斗

（2）创业——用行动实现人生价值

（3）专注——沉下心来做事业

（4）团队——协作的力量超乎想象

（5）战斗——像狼一样去战斗

（6）竞争——不竞争就是在等死

（7）分享——开放才能共赢

（8）工匠——快时代的慢坚守

（9）服务——客户才是真正的老板

（10）求实——战术上一定要务实，战略上懂得务虚

（11）危机——没有危机意识，才是最大的危机

（12）学习——加强学习才能赢得未来

（13）创新——求新求异，企业才有生命力

（14）"灰度"——一种打破边界的智慧

（15）冒险——有冒险才有希望

（16）奉献——无奉献不伟大

吴帝聪先生对华为公司人才特点分析得十分透彻，华为人才的这16项独特品质决定了这支团队的强大竞争力，这种人才培养策略也充分说明了为何华为能够具备雄厚的团队实力，其人才储备何以长久不衰，企业人才、企业资源的流动方向如何对准市场，如何顺应时代，如何实现良好的内部循环。

我们相信无论市场资源还是人才资源，都应该在顺应时代发展的方向上，承担社会责任，体现企业担当，在促进行业发展的进程中充分发挥资源与人才优势，让企业生命力、竞争力成为市场升级、城市发展的重要力量，这样的企业才能够获得长远发展，企业人才、资源的价值才能够充分凸显。

◎ 企业突围之道

什么样的企业是后疫情时代的幸运儿？什么样的企业是市场迭代中的突围者？在行业格局、市场环境发生巨大变化，当代营商者经受重大挑战时，企业只有打磨棱角、放平心态，在逆境中自省、自律、自强、不屈不挠，才会等来向阳花开。

面对突如其来的巨变，我也陷入了深思，从商业角度思考了无数对策，但始终找不到应对之法。后来我开始转变角度，反思企业自身特质，对比自身行业特点，最终我发现企业扭转被动局势的关键在于"文化"。

2020年新冠肺炎疫情冲击全球实体市场后，各行各业均损失惨重，其中最为突出的当属餐饮行业，毕竟这一行业相比于其他行业竞争更为激烈，虽然利润空间较大，但疫情过后依然有众多企业倒下。

不过2022年的中国餐饮市场却发展得十分顺畅，从众多餐饮品牌的突围之道中我充分感受到"文化"的重要性。可以说，附加文化或打造文化已成为当代餐饮企业发展利器，餐饮企业通过这种方式不仅能迅速圈粉，更能大幅提升产品利润空间。比如据我国商业数据专业分析机构统计，2021年我国现制茶饮市场规模已经超过600亿元，消费群体超5亿人，消费人群以年轻群体为主，热销产品以各种网红品牌为主。

造成这种局面的主要原因正是新兴"茶文化"，比如网红品牌喜茶打造了"要多肉""要浓郁""要简单"等多种文化系列产品，2022年更与热播剧《梦华录》联名打造新文化IP，消费者纷纷表示喜茶已经"一茶难求"。

除茶品之外，各个餐饮行业都在通过"文化"寻求破局之路，比如海底捞打造了"火锅伴侣"鲜小菌，小龙坎推出了龙小茶等，文化附加产品的形式让更多消费者接受、认可并青睐品牌，餐饮企业在后疫情时代借此纷纷突围而出。

我从中领悟了"民之从事，常于几成而败之。慎终如始，则无败事"乃经商之本，又被"诚者，物之终始，不诚无物。是故君子诚之为贵"点醒，懂得了"慎终如始，始终如一，才能获取成功"的道理，更清楚了

"曲则全，枉则直，洼则盈，敝则新，少则得，多则惑"的市场形势。所以，当我们在成功边缘遭受挫折时，得以保持了慎终如始的清醒；在面对灾难时用诚信贯穿始终，肩负伙伴与客户的期望，以诚利他，笃定前行。

　　总体而言，一路的坎坷让我收获颇丰，其中有伙伴与客户的信任，有行业与市场的认可，更印证了"金道"的可贵与价值，正是这一年的经历，让我得到了磨炼，学会了向死而生。

09 面临市场波动，你能持续经营吗

任何时代都脱离不开两种现象，时势造英雄或英雄造时势。因为商业发展伴随着偶然性与必然性，时局变换、潮流更替，在不同的天时地利下，造就"人和"者往往可以主导市场发展。

从商者从来不说从商易，因为从商者往往有两个结局：一是被市场波动伤到体无完肤的"伤者"，二是于波涛汹涌中屹立不倒的"上者"，但无论成为哪种从商者，都需要经过市场变动、环境变化的洗礼。

在后疫情时代到来后，企业发展之势应有的不过是一种坚守中华商道的态度，以及胜不骄、败不馁、乱不惊、难不退的精神。相信了解这两点特质后，很多企业都可以解决疑惑，定位自己的发展之道。

◎ 企业需要什么样的精神

我们一直认为企业发展不仅要讲究商业技巧，而且更重要的是附加精神力量，如此企业才能真正强大。比如"天道酬勤，商道酬信，业道酬精"，便是企业日常恪守的发展操守，在这种精神鼓励下，脚踏实地的发展理念才能获得超前发展。但"勤"只是企业的基础精神力量，当代从商者想要成为强者还需要更多精神力量的加持。

我认为企业首先需要有奉献精神，奉献主要表现为利他，主动承担社会责任，为市场、为行业贡献自己的力量。

另外，企业还需要忍耐精神，很多时候忍耐对企业而言是一种商业智慧。比如可口可乐入驻中国市场忍受了连续十几年的亏损，最终全面打开中国市场。这种长远的眼光、惊人的毅力，正是当代企业需要具备的精神。

当代企业还需要具备创新精神，创新是一种发展力量，是市场竞争的关键筹码。企业的发展离不开创新精神的支撑，无法复制的时代精品成为企业以质取胜的关键。

谦虚精神更是当代企业必备的。正如稻盛和夫所说："在这个世界上，有些人用强硬手段排挤别人，看上去也很成功，其实不然。真正的成功者，尽管胸怀火一般的热情和斗志，但他们同时也是谦虚的人、谨慎的人。"

企业具备谦虚精神，才能够形成团队合力，才能够摒弃"以自我为中心"的价值观，才不会沉醉于微不足道的成功中，限制自身成长。正如中华传统文化中提到过"唯谦受福"，意思是幸运、幸福都与傲慢之人没有关系，唯有谦虚之人才能获得。只有谦虚的企业、谦虚的企业家才能够获得市场的赞许，才能在无形中收获更多的关注。

企业精神是企业之魂，是企业在长期经营中形成的发展理念、处世态度。现代企业更需要企业精神的加持，进而凝聚团队、树立品牌、长期经营、持久发展，不断获得市场的认可，体现出更高的社会价值。

第二章

水广鱼大，山高木修：
创造能自生的财富循环

自古以来，我国商道讲究道法圆融、境界高远。正如"水广鱼大，山高木修"的法则阐明了现代商业壮大的原理，衍生了"既以为人，己愈有；既以与人，己愈多"的处世智慧。现代商者，当持利他之心利己，以利他之举换取人人得利、商界繁荣。

01 水广鱼大，山高木修

任何一家企业都无法独活。我们始终认为，企业必须处在一个互利的生态中，才能够获得充足的资源与人脉，才能发展壮大。水域广阔之处，鱼儿自然肥大；山岭高耸之处，树木自然葱郁。企业经营应遵循同样的道理，利他，自然可壮大；独利，往往快速消亡。

天地万物遵循自然共生之道，促成了天地和谐。古今圣人传扬的生存、发展之法恰是互利共赢。

"一花独放不是春，百花齐放春满园。"个人的职业生涯和人生成就是由个人努力、能力和机遇三者结合决定的，个人努力可控，能力可以在社会磨炼中不断提高，而机遇却无法掌控。企业把机会留给有准备的人，为想要创业的逐梦人搭建平台，提供一系列配套的支持，使其实现人生梦想，与企业共赢。

"和羹之美，在于合异。"让每个人获得自我发展和奉献社会的机会，在公平、正义的环境下，激发个人最大潜力，施展不同才能，共享人生出彩的机会，创造更大的价值。

马云在分析阿里成长过程时表示：17年前的非典，阿里巴巴从危机中找到了"机"，让自己活了下来，今天阿里巴巴已经成长为一个经济体，在新的危机面前，我们不但要让自己活下来，而且更重要的是，要用技术和平台的力量，让别人活下来，活得更好，让别人从"危"走到"机"，这就是17年来阿里巴巴最大的成长。

02 苹果手机的生态为何经久不衰

2019年，美国知名财经杂志 *Forbes* 发表了一篇《苹果非常可能成为下一个诺基亚》的文章，一时间激起了无数苹果粉丝的讨论，但苹果CEO库克对这则报道的回答只有一句话，"苹果产品线从未如此丰富，苹果生态从未有现在的强大"。

两年过后，事实证明库克所言非虚，苹果依然保持着稳定发展，尤其在2020年，虽然经历了新冠肺炎疫情的冲击，但苹果公司依然推出了5款新品，并且保住了自己销量冠军的宝座。那么，苹果手机究竟有哪些独特的优势，让其可以长久优质发展呢？

首先，苹果芯片是它独有的硬件优势。随着时代发展，智能手机对芯片要求越来越高，且使用场景越发广泛，其计算性能、AI性能成了决定手机品质的关键。苹果手机的每一款芯片都是同期所有处理器中性能较强大的，其中A12处理器更是全球知名，可以说无论是CPU还是GPU，苹果在硬件方面都占据了独特优势。

其次，苹果手机生态也是其独有的优势。自移动互联网时代到来后，智能手机的体验感成了各手机品牌的竞争焦点。何为手机体验？即手机性能、外观、功能、生态的综合评分。其中，生态占比最重，因为生态决定了手机的流畅度与使用寿命。

不可否认，近年来中国市场对苹果的青睐度有所下降，但这也是苹果粉丝从热衷期到冷静期的转变，中国市场与苹果手机的联系并没有减弱，因为苹果手机依然给用户生活带来了巨大影响。由此可见，只要苹果的芯片性能、生态特色还在，其发展优势就会继续保持，品牌效应就不会衰落。

正如《道德经》所言："天地长久。天地所以能长且久者，以其不自生，故能长生。是以圣人后其身而身先，外其身而身存。非以其无私邪？故能成其私。"

天地是永恒的存在，其之所以能够永恒恰是因为其不因自己的运动规律而存在，天地遵循着万事万物的变化规律而存在，并客观调节着万事万物的平衡，令其自然运行，与万事万物共生共荣，和谐统一。

企业的市场发展也在遵循这一规律，无论企业多么强大，哪怕其达到了主导行业发展的地步，也不能仅按照主观思维发展。企业进步需要遵循客观平衡的自然规律，与其他个体共生共进，彼此和谐，如此行业才能够长久存在，企业才能够长久发展。

道家的共赢思想诠释了商业市场的演变规律，当企业家秉持共赢思维合作相处时，市场财富、社会财富才会越发丰富，时代才能够高速发展，商业才能引领潮流。

03 企业如何进行同业/异业整合

我国商道发展始终遵循着"变化"的规律，这种"变化"并非肆意而动，而是通过吸收有利资源，进行蜕变与升级。从这种变化中我们学到了一种整合理念，领悟到了一种商业共赢的经营方式。

在学习过程中我发现，早在数千年前中国社会便对"整合"思想进行了充分的应用。三国时期曹操将孙子兵法与儒家思想相融合，形成了"以儒释兵，兵儒整合"的军事理论；现代管理学又将军事理论融入企业内部，形成了雷厉风行的企业作风。这些不同领域的思想碰撞加速了时代的发展。

在现代市场发展中，"整合"依然发挥着重要作用，且贯穿企业发展的每一个环节，从不同层面激发了企业的内在潜力。比如腾讯公司在2013年推出了自己的自媒体短视频平台——微视，但在随后的发展中，微视并没有达到预期发展效果，迅速进入落寞阶段，2015年微视已经被挤到自媒体市场的边缘位置，2017年被彻底关闭。

不过对自媒体市场不放弃的腾讯公司于2018年又投入30亿元再次启动微视项目，并邀请了数十位明星入驻宣传，但这依然没有扭转微视的命运。2021年6月自媒体平台月活排名显示，抖音月活人数70287.81万人，快手42698.82万人，快手极速版13774.22万人，抖音火山版12343.09万人，腾讯微视仅5387.32万人，由此可以看出微视月活量已经被彻底挤出头部行列。

虽然微视最终失败，但腾讯公司早在2020年就针对微视的发展采取了应对措施。2020年微信平台推出了另外一项短视频产品——视频号，并将微视资源与视频号进行快速整合。在微视资源的加持下，视频号发展得十分迅速，并于2021年取得了月活量突破2亿人的成绩，且一直保持着持续增长的发展势态。

另外，商业市场的整合方式多种多样，除资源共享外，资金加持也是当代市场整合的主要方式。

例如，小米公司用不到3年时间打造了一条深入市场、深入大众生活的完整生态链，并在2017年11月8日，入选"时代影响力·中国商业案例TOP30"，这便是小米公司进行市场整合后获得的巨大成就。

雷军曾说过："小米生态链的梦想是通过200个小米工程师，撬动200家生态链公司、数万的员工、千亿资本的投入。"而小米只用了不到7年的时间实现这个梦想。自2014年小米公司智能手环研发成功开始，小米公司便进入了超大型生态链的高速打造进程中，2021年，小米生态应是全世界消费级IoT（物联网）市场的榜首，其市场份额为1.9%，而紧随其后的是亚马逊（1.2%）、苹果（1%）、谷歌（0.9%）等国际一流品牌。

那么，小米高端生态链的本质是什么？它是如何超越BAT（B指百度、A指阿里巴巴、T指腾讯）成为消费级IoT榜首的呢？这两个问题便可以用小米的全局观来回答。

以小米生态中的石头科技为例，虽然"米家扫地机器人"是小米生态链中的重要产品，但"米家扫地机器人"由石头科技全权代工。石头科技完成"米家扫地机器人"的生产后，小米会买断全部产品，然后商家到米家、小米商城、小米有品以及其他平台当中购买。最重要的是，"米家扫地机器人"的销售利润由小米和石头科技平分，确保了两家公司合作的紧密度。

事实上，以小米的实力完全可以自己完成产品的研发生产，但为何小米选择合作的方式发展呢？正是因为全局观，小米习惯站在市场全局的角度思考企业发展，它选择了先"谋全局"，再"谋一域"的方式，这也是小米生态的本质。小米通过自身品牌优势为各个生态板块搭建起前期渠道，然后对生态链分支进行商业市场的延伸，并承担相应的生态成本。在生态链分支对接好商业资源后，小米公司便将其推向行业第一梯队，然后配合利益平分的方式，共同享受发展红利，加深与合作伙伴及市场的紧密度。

这种生态发展模式也契合了我国的兵家思想。兵家有云："知彼知己，胜乃不殆；知天知地，胜乃不穷。"只有具备全局观的企业才能够真正做到知己知彼，知天知地，并集天、地、人于一体。

另外，同业、异业的整合也无须局限于企业层面，项目合作、利益共享都属于当代企业市场整合的范畴。比如2020年，特步公司与少林寺便完成了一次巧妙的异业整合。这次合作是中国功夫与时尚潮流的首次碰撞，两者碰撞的产物就是当下正红的"国潮文化"，这种富有情怀的超级符号让合作双方一时间成为市场焦点，双方品牌价值翻倍增长。

这种灵活、简便的市场整合便于加深企业市场融入度，通过将单独项目的优质资源共享，便可以完成共同运营、共同发展的目标。很多人认为市场整合不过是企业的一种运营方式，但我认为市场整合是当代企业必备的发展能力，因为这种方式暗含了共赢共进的商道理念，且在过程中表现了企业的创新力，为用户提供了超强的体验感，给企业的发展带来了积极影响。

◎ 企业运营系统如何才能自循环

直到今天，依然有很多企业家认为，企业生存、运营是市场资源的利用与消耗，企业更像市场产物，而并非单独存在的个体。

我可以深切地感受到，怀有这种经营思维的企业家必定在努力抢夺着市场资源，从道义上讲这并没有任何错误，但从企业发展角度分析，这一方向必然与市场发展背道而驰。

的确，企业离开市场无法生存，但企业绝不是市场的产物，因为市场离开企业也无法发展，企业是市场的重要组成部分。所以，企业与市场之间并非依附关系，而是相互依靠、相互作用的互利关系。

这种关系在中国商道中体现为基本的自然法则，正如《道德经》第二十五章中提出，"人法地，地法天，天法道，道法自然"。这句话意思为"人们依靠对大地的劳作而繁衍生息；大地则根据上天寒暑交替而变化，转而化育万物；上天则根据'道'运行变化、排列时序；世间的'道'便是自然之性，顺其自然而成其所以然"。

我认为，企业的发展是在市场中体现价值，为市场创造价值的过程。而企业想要在市场体系中体现更大价值，创造更大价值，首先需要达到"自治"。

自治体现为企业的自循环。道家言"道常无为而无不为"，人一旦进入自然运行的状态便会自己顺畅地做事，而主动忽视不必做的事。当企业家引领企业进入"自治"状态后，企业运营系统便可以进入自循环状态中，企业便可以健康发展，便可以在市场中展现不可或缺的作用。

企业具备自循环能力的基础是内部架构完整，企业生态完善，换言之，企业各个部门十分清楚自己的分内工作，知道自己需要向哪个方向努力。

比如京东集团作为电商企业拥有不逊色于顺丰、三通一达的物流运输能力，这有赖于京东物流中心搭建了完善的自运营系统。京东物流中心主体产业的服务系统，可以完美配合主体产业运作，且通过发挥自身作用加速电商产业运行，提高用户口碑，这就是京东物流中心各部门清楚自身分内工作、明确奋斗重点、准确定位发展方向的有力证明。

我深知，构建企业完善的生态架构是一个漫长且艰难的过程，从商道角度分析，它是企业从"人治"到"法治"的转换，从制度管理到文化管理的升级，从"人情化"到"人性化"的变革，但"自治"不等于"有为"，企业自治的目的是"有为"，是"大有可为"，这恰恰需要企业家时刻清楚企业发展的定位。

我发现当代大多数企业家了解如何通过制度约束员工"有所不为"，却不懂得激励员工主动为之。由此可见，大多数企业的制度需要升级、完善，将员工约束转变为员工激励。

企业运营系统的自循环是一个从"无为而治"到"以不治治之"的进化过程。现代大多数企业懂得"无为而治"的可贵，但离"以不治治之"依然有较大差距，究其原因主要在于企业领导者一直强调制度管理、企业管理，而忽视了员工的自我管理，才导致员工无法成熟，领导者一直处于疲惫状态，企业自然无法进入自循环的状态。

第三章

滴水成河，各尽所能：把人的力量发挥到最大

"君子用人如器，各取所长。古之致治者，岂借才于异代乎！"这句话为当代企业家指明了用人之法。企业发展受困，并非内部人才少，而是企业缺乏培养人才的环境，领导者缺乏发现人才的慧眼，这才导致企业频频受挫、发展受限，而读懂这句话可以帮助企业解决根本问题。

01 聚少成多，滴水成河

不积跬步，无以至千里；不积小流，无以成江海。任何企业成长壮大，都源于精益求精的发展。一飞冲天的神话背后，是长久的积累与努力。企业的发展离不开每个人的努力，一个人成就不了一家企业，一家企业也无法单纯依靠企业家壮大。所以如何选人、用人、留人，如何将每个人的力量发挥到极致，是当代企业家孜孜以求的课题。

在社会大变革和宏观经济环境的深刻影响下，现代商业强者与庸者之间用人的本质存在明显区别。强者懂得挖掘小人物的人性光辉，用独到的眼光审视他人成长；庸者则习惯用自我思维看待世界，即便身为企业领导却依然坐井观天。

"道法自然，无为而治"是当代企业追求的经营境界，这需要领导者淬炼出一双善于发现的眼睛，因为在现代市场中，所有企业都在各尽所能、各取所需。不同的是普通企业家只懂得让员工各安天命，而优秀领导者却明白聚少成多、滴水成河。

例如，拥有百年辉煌历史的青岛啤酒是中国知名品牌，其产品覆盖全球80多个国家，是我国啤酒出口量较大的企业，也是全球第六大啤酒生产商。但青岛啤酒令人敬佩的亮点不是其取得的发展成绩，而是青岛啤酒内部的用人技巧。

青岛啤酒公司副总裁姜宏女士曾说过："作为一个健康成长的百年企业，员工培养一直是我们赖以生存和发展的基石。公司视员工为宝贵财富，倡导'人人都是人才，合适的人干合适的事'的人才观。你有多大能力，给你搭多大的舞台。"

青岛啤酒为充分挖掘员工潜力，培养更多内部人才，在多年的发展中不断完善着自己的育才体系，细化着内部用人机制。可以说青岛啤酒将用才、育才细化到了企业的每一个角落，才确保了自己百年基业长青。

当代很多企业家感叹人才匮乏，也有朋友向我抱怨，自己的企业明明建立了全面的人才培养机制，却依然不能达到预期发展效果。对于这种情况我想分享一段巴菲特的用人名言，巴菲特曾说过："一般而言，评估一个人你有三件事情：智力、能量和诚信。如果他们没有最后一个，前面两个也毫无用处。我告诉自己的员工，每个人都有智力和能量，否则你不会在这里，但是诚信则取决于你。你不是天生就拥有，你也无法从学校学习到。"

我十分庆幸自己可以在纷乱的商业市场中保持这份清醒，正是这种用人理念让企业展现了强大的实力，顺利完成一个个预期目标。

02 企业如何用好那些"超级个体"

人才是国家和社会发展的重要资源，从战略角度出发培养、运用和强化对国家、社会发展有宏观、重大影响的人才十分有必要。企业作为国家经济的重要组成部分，对人才的重视程度更加明显，尤其对人才的吸引、运用直接决定了企业命运。

我国一直注重"以人为本"的发展理念，这也是我国强国之路的主要支撑。不过截至2022年，我国商业市场虽然拥有数以亿计的高素质劳动者，但专业人才、创新型人才依然与发达国家存在差距，商业发展水平也因人才队伍规模受到发展限制。

多年营商经验让我认识到，行业发展、经济进步需要企业构建结构合理、能力突出的人才队伍，企业通过人才培养营造"人才辈出、人尽其才"的现代商业局面，从而提升我国的商业竞争力。

不过当代大部分企业在人才培养、人才运用上存在明显不足，不懂得识才、辨才、用才是现代企业的主要表现。总体而言，企业识才、辨才、用才与企业家领导力有直接关系。

领导力不是一种令人服从的能力，而是一种激励他人跟随、拥护、进取的能力。很多现代企业领导者为提升自身领导力不惜花费重金学习西方先进理念，殊不知古往今来中国商道中蕴藏的领导力早已领先世界。正如任正非等知名企业家纷纷表示，现代领导者成长的最佳方式是通过传统文化与古之圣贤对话，从中领悟其商道思维与方法，日积月累，不断丰富自身。

泱泱中华拥有五千年博大精深的传统文化，凝聚中华传统文化的企业经营之道更具竞争力与发展力。唐太宗李世民就曾说过："君子用人如器，各取所长。古之致治者岂借才于异代乎！"这句话为当代无数企业家指明了用人之道，并非自身企业人才少，而是企业缺乏培养人才的环境，领导者缺乏发现人才的慧眼，不断从外界招纳人才很难解决企业人才所需的问题。

《论语》有云："十室之邑，必有忠信。"以此推论成熟企业中也必然有贤人。只要领导者懂得用人如器，各取所长，企业人才必能源源不断地脱颖而出。企业人才实力不在于团队大小，更多在于领导者"用才、造才"的眼光。凡重用众才之能者必兴，凡善聚众智之光者必明。

结合我国商业市场实情，我发现现代"以才强企""以才强业""以才强国"战略分为两层含义。

一是加大企业人才培养、开发力度，强化员工特性，促进其价值提升，进而提升企业综合实力与竞争力。比如华为公司自发展之初便建立了健全的人才培养机制，正是这一机制不断雄厚华为团队实力，提升企业竞争力。

二是创新企业人才培养与管理体制，以广纳贤才为基础，通过机制调整力求达到人尽其才的效果，进而增强团队实力与市场竞争力。

企业必然具有自身特点，能够彻底融入企业的"人"才能确定其是不是"才"，这与其自身实力没有直接关系。"空降兵"看似实力雄厚，却不能确定其实力能否弥补企业的不足。企业家应当用人所长，但用人所长的目的是弥补企业所短，与其高薪聘请"空降兵"来磨合，不如在团队中培养。

总之，企业想要吸引、发现更多"超级个体"，并让"超级个体"充分发挥实力，产生更大价值，首先需要企业家拥有爱才之心、选才之德、识才之眼、谋才之略，然后通过适当的方法提才之能，护才成长，并总结出育才之法，企业才能够表现出集才之力。

03 高明的领导，善于用人如"器"

互联网时代是一个资源无限整合、高速整合的时代，所以企业竞争的本质不是企业规模而是团队质量，对比当代强企发展现状，可以看出这些英明的企业领导者对人才管理运用格外重视，且运用效果远超同行。

我曾认真分析过矿业发展的主要难点，并通过相关行业思考过市场整体发展策略。我发现当代企业遇到的主要挑战不是市场环境与业务模式的高速变化，而是团队内部应变能力与创新能力的匮乏。

当代很多企业家拥有应对市场变动的智慧，但这种智慧能否迅速转变为企业行动或团队反应能力是否到位决定了最终结果。一旦人才实力不足，企业很容易陷入被动或疲于查漏补缺的状态。

我深知大多数企业家了解培养人才、运用人才的重要性，所以很多企业通过各种方式强化团队，但真正人才辈出的企业寥寥无几，究其原因主要在于企业家只明白人才培养、人才运用的重要性，却不清楚企业应该培养什么样的人才以及现有人才应该如何运用。

在中国数千年文化传承中，用人之道一直是重要的商业思维，唐代书学理论家张怀瓘在《书议》中写道："人之材能，各有长短。诸子于草，各有性识，精魄超然，神采射人。"北宋文学家司马光曾说过："凡人之才性，各有所能，或优于德而强于才，或长于此而短于彼。"

这两句话都在告诫现代企业领导者，用人之能是企业强大的重要基础。用人如器，各取所长，企业优势才可凸显。

不得不承认，当代商业市场环境并不乐观，任何行业、任何企业都要长期忍受市场波动，忍受新业态、新事物带来的不协调性打击，为了能在当代商业市场生存发展，企业只能坚持人才强企战略，通过技术创新、体制升级和运营管理克服各类发展障碍。

由此可见，人才培养及用人之道是当代企业发展的关键，善用人、巧用人就能提升企业快速反应能力，让企业把握更佳的发展时机。

我在研读中华商道的用人技巧时发现，员工无法体现价值的主要原因有两点：一是领导者不懂得运用，即才不能尽其用；二是员工与岗位不契合，即人不在其位。针对这类情况我国商道又提出了众多巧妙的用人理念，这些理念的运用可以确保企业人才在其位、谋其政、尽其力。

企业中有些员工工作能力突出，性格刚毅，做事却不够深入、细致，这类员工适合做企业的先锋，在企业领导者的指引下冲锋陷阵，带动团队发展，但不适合做企业领导者，因为在关键问题上这类员工容易出现疏漏，导致企业蒙受损失。

《鬼谷子》中又写到"善用天下者，必量天下之权"，意思为懂得处理天下事的人都懂得审时度势。这句话在中华商道中被解释为，管理企业的人应当懂得权衡、使用企业的各种力量。

纵观当代商业市场，企业人才又可以分为两类：一类是具有"锲而不舍"精神的奋斗者，另一类是"能言善辩"的讨巧者。所有企业都存在这两类员工，而我国商道对这两类人的定位也非常明确。

"锲而不舍者为中，能言善辩者谋外"，即性格坚毅、踏实勤奋的员工适合企业的技术岗位、核心部门，因为这类员工实事求是、勤于探索，这种性格能够确保企业核心力量持续增长；思维敏锐、能言善辩的员工适合为企业开拓市场，帮助企业对外谋发展，即便这类员工个人专业能力不足，也可以加以培养后再重用。

◎ 秦昭王五跪得范雎

在价值多元、技术超前的互联网时代，人才需求是伴随企业发展的长期问题，且人才需求随着企业发展呈现多样化、复杂化的特点，所以当代大多数企业处于长期招聘的状态。

人才是所有企业青睐的关键资源，如何定位人才、招揽人才、留住人才是当代企业家需要重点思考的问题。从中华商道角度出发，招贤纳才也是营商根本，历代伟人、强者都具备优秀的招才纳贤能力。

在我国历史发展中，招才纳贤的故事数不胜数，令我感触最深的当属秦昭王。这位秦国霸主是一位懂得吸纳贤才的智者，他通过"五跪"换得了范雎的衷心辅佐，成就了一方霸业。秦朝政治家、军事家李斯曾说过："昭王得范雎，废穰侯，逐华阳，强公室，杜私门，蚕食诸侯，使秦成帝业。"

范雎本是魏国中大夫须贾的门客，因其才华遭人妒忌，被人诬陷通齐卖魏，范雎差点被魏国相国魏齐鞭笞致死，在好友郑安平的帮助下范雎潜随秦国使者王稽逃到了秦国。

秦昭王听到熟知兵法、颇有远略的范雎来到秦国后非常激动，便匆匆驱车拜访范雎。见到范雎后秦昭王马上屏退左右，下跪向范雎请教如何脱离困境。遭遇变故的范雎自然不敢再轻易信任他人，并没有正面回答秦昭王的问题。秦昭王见状再次跪地请教，并且态度更加恭敬，可范雎依然不敢开口。秦昭王依然没有气馁，第三次下跪请教，并说道："先生无论如何都不肯教我吗？"范雎才恭敬地解释道："我只是路过秦国的一位宾客，与大王比较陌生，但大王让我解答的又是纠正君王政务的问题，且这些问题还关涉君王的骨肉至亲。我本想表达一些愚钝的看法，可又不知大王的心意如何，所以大王三次问我，我都没有回答。"

看到范雎已经被自己打动，秦昭王赶紧第四次下跪，并说道："先生怎么这样说呢？秦国本就是个偏僻边远的国家，我自己又是一个毫无才能的愚笨之人，先生能到秦国来，一定是上天对我的眷顾，所以我才来烦扰先生，有了先生的指点，先王留下来的功业才不会中断。接受先生的教导，是上天对先王，对我的眷顾，所以先生千万不要有什么顾虑，今后无论大小事项，从太后到大臣，所有一切先生都可以对我直言教诲，请先生千万信任我。"

范雎听了秦昭王的话便试探着问道："秦国北有甘泉、谷口，南绕泾水和渭水的广大地区，西南有陇山、蜀地，东面有函谷关、崤山，且秦国兵精将猛、车骑众多，抵挡诸侯国如同猛犬赶瘸兔一样，本可以成就霸王的功业，但现在却反锁函谷关，兵卒不敢向山以东诸侯窥视一下，这是大王决策的失败呀。"

秦昭王听到范雎批评自己失败后不仅没有生气，反而再次跪地迫切地追问："我愿闻其详，请先生细细教导我。"这时范雎才充分信任秦昭王，并答应辅佐他，助其成就霸业。

我时常用这个故事自省，并从中思考企业吸纳人才的策略。通过这一故事我得以明白，无论在哪一时代，人力资本都是企业发展的根基，以传统雇佣观念很难吸纳到真诚、卓越的优秀人才，只有保持真诚才能获得聚贤能力。

另外，当代企业需要具备强大的人才管理与人才培养能力，以更开放、多元的用才方式提升团队实力，比如在企业经营原则之上减小工作方式把控力度，加强内部岗位职责管理，可以起到激发员工主动性、活跃性，同时强化团队配合的作用。这些关键技巧是当代企业纳才、用才的关键策略。

我认为引才是企业获取战略发展持续力量的主要方式,沿战略方向寻找对应人才,并利用人才的经验、能力、思维提升战略发展效果,优化发展决策,为企业开拓更大的发展空间,是引才的主要方式。

秦昭王五跪范雎,追求引才强国,而范雎也鞠躬尽瘁,尽心辅佐秦昭王,最终成就了秦国霸业。从中华商道的角度分析,秦昭王引才的态度、策略值得现代企业领导者深思,这也解释了很多企业付出高薪却无法提升人才忠诚度、匹配度的原因。领导者无心胸、无诚意,只懂得提供物质条件,人才与企业间永远是雇佣关系,而只有真正视人才为财富的领导者才能发挥人才的最大价值。

◎ 当亲信成为对手,该怎么办

在企业发展过程中,令企业领导者感到悲哀的事情不是竞争对手的强大,而是当初的亲信变为了竞争对手。这种企业关键力量的身份转变,既是企业的重大损失,也是企业发展的一大障碍,所以这类情况是领导者必须规避的问题。

中国历史中知名人物"跳槽",摇身变作老东家竞争对手的故事并不少见,就连我国儒学创始人孔子都曾先后两次"跳槽",而孔子的两次跳槽也为中华商道阐明了三点用人的至理。

孔子第一次从鲁国"跳槽"齐国时曾说过"危邦不入,乱邦不居"。

这句话表面意思为危险的地方不进入，混乱的地方不久居。在我国商道中，"危邦不入，乱邦不居"的意思则为企业内氛围、风气不佳，员工则要跳槽。当年孔子"跳槽"离开鲁国，也是这个原因，司马迁在《史记》中明确写到"鲁乱，孔子适齐"。

由此可见，企业想要减少员工流失，必须优化内部氛围，制定公平合理的管理制度，为员工搭建稳定、良好的发展平台。

孔子"跳槽"齐国后，并没有得到自己理想的平台，于是发出了"用之则行，舍之则藏"的感慨。这句话的意思是领导者赏识自己便好好工作，领导者不认可自己，留下来也没有意义。

原来，当年孔子离开鲁国到达齐国后，便找机会接近了齐国国君齐景公。齐景公先后两次请教孔子治国之道。孔子第一次回答为"君君、臣臣、父父、子子"，第二次回答为"政在节财"。齐景公对孔子的回答非常满意，准备把孔子留在身边重用，但齐国宰相晏婴却怕孔子留下后影响自己的地位，于是向齐景公进言，称孔子的治国之道不适合齐国，而齐景公又比较信任晏婴，于是对孔子说自己年纪已大，不能采用孔子的那套理论了。

经过这件事，孔子便有了"用之则行，舍之则藏"的感悟。由此看来，孔子所说"领导不认可"的观点并非针对领导者，而是针对企业内部竞争。孔子与晏婴都属于企业人才，但晏婴作为企业老员工，对企业、领导者更为了解，所以在两者比拼中可以轻易胜出。如果领导者可以为孔子搭建一个发展平台，减少人才之间的直接竞争，则可以避免人才流失，增强团队实力。

孔子在齐国遭到晏婴排挤后便打算离开齐国，而这时鲁国形势又恢复了稳定，于是孔子又回到了鲁国。孔子回到鲁国得到重用，且各种治国理念非常有成效，孔子一路升职成了鲁国宰相。齐国怕鲁国过于强大而影响到自己的利益，于是选了80个歌舞俱佳的绝色美女送给了当时的鲁国国君鲁定公，鲁定公由此沉迷于酒色，无心治国，孔子的治国之道无法实施，鲁国国势逐渐走向颓势。看到这种情形，孔子心灰意冷，于是选择辞官并开始周游列国。

孔子在《论语·泰伯》中说道："天下有道则见，无道则隐。"其意思为天下遵循正道发展则出来做官，天下没有正道可循便隐居不出，这句话也是孔子对仕途中断的一种感慨。

由此可见，"有道则见，无道则隐"在商道中并非针对市场动态，而是针对领导者的价值观与品德。领导者励精图治，企业人才自然砥砺奋进；领导者贪图享乐，企业人才看不到希望，自然会跳槽。

事实上，孔子发出的三次感慨便是企业人才流失的主要原因。当代企业领导者可以根据这三种观点解决企业留才不利的问题。很多企业领导者喜欢用薪资制度留才，但这种留才方式并不能提高人才的忠诚度，且效果无法长久。现代企业领导者留才可以从企业文化、经营理念、领导者魅力等角度出发。

打工也有可能成为打工皇后，跟着老板也有可能拥有亿万身价，怎么做到这点？在股权结构中稳定核心人才，并且预留空间让新的人进来。做股权不是去搞激励，不是奖金，不是绩效，不是钞票，是为了让公司更值钱，是为了在资本市场以100倍或更大的倍数递增。

企业留才的正确方式应当是换位思考，因势利导，即思考在如何帮助人才实现个人价值、实现个人梦想的基础上给予更多帮助。一旦领导者成为人才的知己，企业成为人才的平台，人才才会与企业产生紧密联系，站在相同阵线，以"企荣己荣，企兴己悦"的态度助力企业发展。

04 用人之长，天下无不可用之人

现代营商者想要凝聚强大的团队力量，不能仅依靠招贤引才，用人之长更为关键，因为选才、育才只能深厚团队的基础实力，善用人才可以激发人才潜能，令其产生更大的价值。

纵观当代强企团队，核心人员无不特色鲜明，在企业关键岗位发挥着关键作用。对外，团队可以表现出强大的凝聚力，彰显团队实力；对内，团队可以形成完美闭环，以企业家为中心表现出强大的向心力，这就是高端用人能力的表现。

我从这些商业强者身上发现，营商者用人能力分为三个阶段，分别为育人之才、识人之异、用人之长。到达用人之长层次后，天下无不可用之人。

很多企业家认为员工资质平平，长处有限，难以成长为企业栋梁。事实上，企业可以对员工长处进行发掘，关键在于领导者能否发现员工身上的宝贵品质。

例如，美国通用电气前任CEO杰克·韦尔奇曾说过，三星公司拥有强大的人才实力，这并不是因为三星集团招聘了大量优质人才，而是因为在人才培养上，三星已经走在了其他公司的前面。

例如三星集团前社长李秉喆将80%的工作时间用于企业育人选贤，他对人才培养的热衷程度超越了无数知名企业家。三星集团第二代掌门人李健熙同样是一位注重培养人才、打造人才的领导者，李健熙曾说过："为了培养出一名面向未来的人才，三星要舍得花费20年、30年的功夫。不要吝惜金钱，要从多个方面对其进行教育，以保证复合型人才的生成。"

三星集团历任管理者都将人才培养与人才重用放在工作首位，无论员工处于公司哪一个岗位，三星集团都会进行潜力挖掘，并努力打造出合格的人才。正是因为三星集团各界领导者不遗余力地建设企业人才培养系统，最终保障了集团长久的人才底蕴，让很多普通的员工成长为企业核心支柱，企业发展得到了长久保障。

三星集团培养人才的方法主要有以下几种。

1. 巨额投入打造人才

三星集团在人才培养方面从来不会吝啬，因为三星领导者非常清楚，三星公司作为一家科技公司，人才是强大市场竞争力的关键。比如三星集团旗下的三星电子公司，每年对外花费的人才培训费用高达500亿韩元，如果算上集团内部的培训费用和教育设备投资，三星电子公司每年培训支出将达到658亿韩元。据该公司统计，员工人均年培训时间超186小时，人均培训支出约为145万韩元，这一支出相当于人均工资的3.35%，获得的培训时长却是欧美等大型企业员工的2倍。

截至2022年，三星集团已经建立了数十个培训中心，人才培养导师高达数千人，可以说三星集团已经发展成一所专业人才培训学院，其人才供给远超其他企业。

2. 打造人力开发学院

三星集团内部建设了一所人力开发学院，这是三星集团主要的人才培养基地。这一人才培养基地最大的特点是针对员工所长，进行定制培养。三星人力开发学院每年会开设数十种课程，开设班次高达几百个，集团会将数万名员工根据自身特点进行分类分班培训，以此强化企业内部核心力量。

三星人力开发学院培养出的优质人才不仅体现在技术方面，还体现在格局与品质方面。人力开发学院毕业的优秀人才均具备国际发展视野，能够准确定位企业未来发展趋势，自身具有强大的创造力与奉献精神，成绩优异的人才往往能够胜任三星集团的重要管理岗位。

目前，三星人力开发院已经开设了领导人才培训班、海外人才培训班、外语能力培训班、管理技能培训班以及高新技术培训班五大专业，可以对集团内部不同层次的新老员工、核心员工、企业管理者进行不同类型的专业培训，且随着时代发展，培训方法与培训内容还会及时更新，为此三星集团每年要花费超6000万美元的培训资金。

3. 打造"总裁学校"

三星集团内部还有一个专门培养企业领导者的"总裁学校",这一培训机构仅对企业内高级管理人员开放。所有三星高级管理人员上岗前必须在"总裁学校"接受6个月的专业培训。在培训的前3个月,高级管理者在韩国内部接受专业培训;在培训后的3个月,高级管理者则需要到海外学习外语专业与国际市场的相关知识。正是因为三星集团打造了"总裁学校",所以三星在国际市场的发展始终处于前沿位置。

4. 搭建新员工培训系统

三星集团还针对所有入职的新员工搭建了专业培训系统,这一培训平台会对新员工开展为期4周的入职培训。培训内容不是岗位的专业技能,而是正确的人生观、企业观、职业观、发展观,确保每一位员工能够深刻理解三星的经营理念与企业精神。

与其他培训中心不同,三星新员工培训中心往往在偏远的城市郊区,不仅环境艰苦,而且学习任务繁重。4周的学习课程非常紧凑,新员工每天早晨5:50起床,课程一直安排到晚上9:00才能结束,而且周末没有休息时间。

经过四周的磨炼,三星的新员工能够迅速适应工作岗位,并成长为一名合格的"三星人"。值得我们注意的是,三星集团的这一培训系统遍布全球各地。三星集团在我国开设的分公司也配有新员工培训系统。

5. 打造员工定期培训系统

三星集团的培训机制覆盖所有内部员工,老员工任职期间也需要定期进行培训。培训周期一般为3~6个月，主要目的是确保员工及时掌握最新的岗位知识，提高专业技能。

为此，三星集团明文规定，从集团董事到新员工，每年都需要接受两周以上的内部培训，培训工作由集团内部的管理能力培训部门、业务知识部门和精神状态部门等专职机构提供。

三星集团除通过内部培训系统对员工开展专业培训外，还会聘请许多国内外知名专家到集团内部开办各种讲座，或者将内部主要领导者派遣到全球知名的大学或商业培训机构进修，以此强化这些关键人才的国际市场竞争力。

6. 进行地域性专业人才培养

由于三星集团市场遍布全球，而地域差异决定了人才能力，所以三星集团专门打造了一个地域性专业人才培养系统。三星集团每年会派遣数百名集团优秀人才到国外市场进行考察研修，重点了解海外市场地域差异，当海外市场出现变动时，这些优秀人才会立即被派遣到考察研修区域，及时引导当地公司发展方向。

三星集团长期储备着这类优质人才，且每年派遣到海外考察研修的优秀人才数量在不断增长，正是因为这类人才的存在，三星集团才能够在全球市场中迅速调整发展策略，结合当地市场特点，增强企业竞争力。

7. 进行公益知识培训

三星集团是一家注重员工品质的企业，集团领导者认为缺乏公益奉献精神的员工不是合格的人才，所以三星集团将公益活动列为员工必修课，并开展各种公益活动鼓励员工参加。虽然公益活动看似与企业内部实力无关，但这一举措为三星集团赢得了良好口碑，使三星集团发展实力更加雄厚。

从三星集团的人才培养策略中可以看出，现代商业市场强者不会依靠外部引进强大核心力量，而是更多地采用内部培养的方式进行人才打造。企业人才不足更多源于人才打造方法缺失，而不是员工自身能力欠缺。正如当代商业市场中流传这样一句话："大多数庸才都是放错位置的人才。"从这句话中我得到了一种启示，强者用人不过是用其所长、避其所短。现代企业家更追求员工配合企业发展节奏自我调整，对员工观察重在发现缺点予以补足。这种用人策略会导致员工不足被不断放大，自身优点无法被发现，个人发展受到限制。

事实上，中华商道早已对这种用人策略进行否定，并不断强调"容人"是"纳贤"的基础，"心宽"方可"容才"。营商者当先"量才"，之后才能"才尽其用"。正如老子云："善为士者不武；善战者不怒；善胜敌者不与；善用人者为之下。"这句话的释义为有修养的绅士，不会在人前有粗俗鲁莽的行为；有战斗经验战士，不会在人前发泄愤怒；善于破敌的人，不会轻易与敌人发生正面冲突；有用人特长的人，会用沉稳、包容、共同进步的品德去对待人才。

将这种理念运用到人才管理当中，可以取得突出的人才培养效果。

例如，我国房地产行业的领军品牌万科集团就建立了健全的人才培养机制。从万科集团的人才培养策略中可以看出，万科是一家懂得培养人才、善用人才的企业。万科对待员工的态度十分谦逊，并努力为员工提供更多培训机会，加速员工成长。值得我们注意的是，万科的人才培养制度十分公平，无论员工处于哪一岗位，都可以获得专业培养机会。正是凭借这种人才培养策略，万科才能够获得良好的内部造血功能，内部人才梯队才健全有力，长期支撑企业主体产业优质发展。

万科集团长期秉持着"人才是万科的资本"的经营理念，多年来不断改进、完善人才培养体系。如今，万科的管理人才培养、专业人才培养及新员工培训体系已成为行业标杆，被各大房地产公司学习效仿。

万科人才培养系统具备"用人所长、知人善用"的特点，这主要体现在万科针对人才特点采取的培养方法上。比如，针对企业管理人才培养，万科集团就采取了三种培养方法，分别是高管晋升计划、经理晋升计划和人才晋升计划，这三种晋升计划是针对三个级别的领导人才制订的培养计划，其中包括专业培训、内部PK、出国深造、外地调研等十几种培养方式。通过这些量身定制的人才培养方式，万科的人才成长速度及企业团队实力远超其他同行。

可见，当领导者懂得用人之长，令企业与员工形成一种相互弥补、相互促进的关系时，两者可以产生120分的效果，彼此扩大对方的优点。

另外，当代企业家还需要"不须要出我门下，实用人才即至公"的道理，即无论内才还是外才，只要能够令其产生实际价值，便是正确地用人之道。企业家、企业领导者可以多为内才与外才创造相互学习的环境，让双方优点得以突出，在两者加深彼此认知的同时相互产生敬佩感，以此提升企业人才的配合度、默契度，进而全面提升团队实力。

　　站在商道角度分析，有才能的人并不能称为人才，有品德的有才之士才是真正的人才。如果员工始终以企业利益为中心，不被外界诱惑，在企业利益前不计较个人得失，那么这类员工可以被培养成企业管理者。

　　古往今来，能人志士均从平凡而来，只不过遇到了自己的"伯乐"。用人所长，需要领导者先发现员工所长，而长处并非指突出的能力，而是指高贵的品德，因为才能可以培养，但品德却不能附加。领导者只有及时发现有品德的员工，才能培养出真正归属企业、为企业所用的人才。

05 企业成功的本质，是用人之道

自2017年我国确定高质量发展战略之后，我国商业市场进入了构建新格局、决胜新征程的快速发展阶段。总结5年来我国商业市场的发展，可以发现真正脱颖而出、持久稳定的企业大多有良好的用人机制、强大的团队实力，这些企业可以在当代市场的狂风巨浪中稳操胜券。

其实自古以来，用人之道就是经商制胜的本质，所以我国传统文化中蕴藏了许多用人技巧，其中用人技巧最为精辟的当属《道德经》。在中国商业发展历史中，众多知名企业家的言行都暗合《道德经》的领导理论，尤其是《道德经》中阐述的"用人之道"，更被称为中华商道的"用人精髓"。

比如"善用人者为之下"的理论，如今应成为现代无数企业用人的第一准则。这句话是讲善于用人的人，对人都十分谦下。放眼当代市场，这句话可以从雷军、任正非、马化腾等成功领导者身上得到完美展现。

以小米公司为例，小米公司作为一家全球知名的科技公司自发展之初便注重人才培养，且多年来保持着谦卑态度培养着各种人才，并向多年来坚持付出的人才表达着感恩。

例如，2020年4月，小米公司在成立十周年之际对外公布了一项"YOU"计划，"YOU"计划是指小米公司将引入超2000名应届生，并通过5~7年时间将其培养成未来的管理及专家人才。这一计划是为了企业长久健康发展，在内部搭建健康、充实的人才梯队，小米公司将花费大量资金对这批人才进行培养提升。而对于长期为小米公司付出的核心人才，小米公司掌门人雷军更是毫不吝啬，以企业股份进行奖励。

2021年7月2日，雷军在微博上宣布，小米向3904名员工授予约7000万股的股票，奖励优秀青年工程师、优秀应届生和团队核心岗位的优秀员工，以及年度技术大奖获得者。

2021年7月6日，雷军在微博上宣布，继青年工程师激励计划后，小米加大力度，再次颁布新的股票激励计划，给技术专家、中高层管理者以及新十年创业者计划首批入选者等122人，奖励1.197亿股小米股票。

2022年3月23日，雷军在微博上宣布，小米公司根据股份奖励计划向4931位员工授予约1.749亿股小米股票，激励的对象主要包括小米"创业者计划"第二期入选员工以及其他优秀员工，并不包括公司高管。

从小米公司的人才培养态度与人才奖励措施中可以看出，小米公司对待人才十分谦下，正如雷军所说："小米最宝贵的财富就是人。"

再以华为公司为例，任正非曾说过华为之所以成为5G技术的领头羊是因为一位顶级俄罗斯数学家的突出贡献，而这位俄罗斯数学家便是华为公司中独特的存在。

1999年，在全球通信行业还处于2G时代时，任正非便发现了这位俄罗斯的数学天才，当时任正非开出了年薪200万美元的天价薪资聘请这位数学天才到华为任职，没想到遭到了这位数学家的拒绝，原因竟然是他不愿离开自己的家乡。

任正非得知这一消息后立即决定在俄罗斯成立华为俄罗斯研究院，这位数学家才顺利入职。这位数学家入职华为研究院后每天用大量时间打游戏，很少有人看到他认真钻研数学，且大家也看不懂他研究项目的具体内容。这位俄罗斯数学家拿着华为的高薪，过得十分逍遥，就连华为高层来研究院视察工作时他依然我行我素，但任正非对他没有采取任何约束性措施。

有一天，这位数学家给任正非打电话，称他的研究成果突破了2G到3G的技术壁垒，这时全球的3G网络还没有全面普及，正是他的研究成果才让华为具备了领先世界同行业的技术水平。直到今天，全球进入5G时代，这位数学家的技术依然是华为集团坚实的支撑。

"善用人者为之下"的用人之道在任正非的身上体现得淋漓尽致，他用谦卑的态度引才，用开阔的胸怀塑才，最终才成就了华为的强大。现代企业家需要明白，人才绝不会排斥一个待人谦卑、胸怀开阔的领导者，而这样的领导者也是值得其追随一生的强者。

◎ 为什么要留个缺口给别人

"缺口管理"是现代企业管理的高端方法，但研究过"缺口管理"后我发现这种管理方法也暗合了中国商道中的用人之道。

"缺口管理"源于一个著名的商业故事。

一位著名企业家在一次年会上被问及这样一个问题："您的事业如此成功，获得的成就也令人瞩目，那么，您能分享下成功的秘诀吗？"

这位企业家没有直接回答，而是微微一笑后在黑板上画了一个圈，只不过这个圈没有画完，留下了一个缺口。他反问在场的所有员工："这是什么？"

"圈""零""完满""未来"……

各式各样的答案纷纷出现。

这时，企业家说道："这只是一个不完整的句号。你们问我在获得辉煌成就的过程中最重要的是什么，事实上道理并不复杂。任何一件事我都不会将其做得圆满，我会留下一个缺口让我的下属来完成，这就是我个人成功、企业成功的秘诀。"

我认为"缺口管理"虽然看似是一种企业管理方式，却也是高端的用人之道。汉高祖刘邦虽出身农家，不从事生产活动，但其用"缺口管理"的方式让韩信带兵、让张良谋划、让萧何治国，最终成为一代枭雄。

从企业经营的角度分析，"缺口管理"等同于"知人善任"，企业管理者不可能事事亲为，面面俱到，随着企业发展领导者预留的"缺口"会越来越大，这恰恰需要合适的人才来填补。缺口并非代表领导者能力不足，而是让"句号"更大、更圆的方法。

预留缺口，下属才会有更多思考空间，才能激发更多人自觉向上，领导者便可以从中发掘积极主动、独立思考、思维独特的人才；预留缺口，员工才能有展现实力的平台，才能有创造、发挥的空间，人才的培养才更有效果；预留缺口，员工才能够发现彼此的优势，才能够懂得如何互补，怎样配合；预留缺口，员工才能够人尽其才，才尽其用。

另外，"缺口管理"与"善用人者为之下"也存在紧密的关系，企业领导者用谦卑的态度对待人才，给予人才更多"缺口"、更大空间，人才便能发挥更大作用，企业实力便能更加强大，而领导者唯一需要把握的是"谦卑"与"缺口"的度。

◎ 管理就是给猴子一棵树，为什么

"给猴子一棵树，给老虎一座山"，看到这句话时，我第一时间想到的是内部管理的策略，深入了解后却发现这是一种十分高端的用人艺术。

为高端人才提供事业上施展拳脚的机会，为普通人才提供立足之地和谋生空间，各种层次的人才相互配合互相服务，正如猴子生活在树上，老虎生活在山中，只有在合适的位置员工，才能够发挥最大的才能。

这种用人之道在三国时期就被曹操运用得炉火纯青。曹操作为魏国丞相需要完成的工作极其繁多，但曹操却可以日日清闲，同时把工作处理得井井有条，主要因为他知道员工的特长和优点。比如崔琰、毛介为人清廉正派，曹操便将选拔官吏等工作交由这些人；而枣祗、任峻性格沉稳，做事细心，曹操就派这两人管理屯田。正是因为曹操的知人善任，帐下的谋士和将士才能成为三国时期的著名人物。

　　用人之道，贵在用人所长。若能扬长避短，当然皆大欢喜，若无法"避短"，领导者也不能因为员工的短处而忽视了其优点。正如老子所说，"大成若缺，其用不弊。大盈若冲，其用不穷"，其释义为这个世界上最完美的东西，好像有残缺一样，它的作用却不能持续得到发挥；这个世界中最充沛的东西，好像十分空虚，但它的作用不会穷尽。老子的话是指企业领导者无须要求员工表现得完美，只要员工作用大、效果好即可，这就是现代企业正确的用人之道。

06 选对人，用好人，养高人

我国社会发展已经全面进入市场机制促进经济增长的状态，在这一背景下企业经营决策、组织架构、人才管理决定了市场发展最终形态。在影响经济发展效果的要素中，企业人才管理是重中之重，因为人才管理直接决定着企业组织架构的合理性与经营决策的有效性。

我在制定人才管理机制时参考了海底捞、麦当劳、沃尔玛等知名连锁品牌的人才管理方法，发现这些企业对"选人、用人、养人"的认知有诸多相似之处，且用人策略与商道理念契合较深。

从企业发展角度出发，当代企业人才管理的起点是选人，选人第一要点不是能力而是价值观与发展观。只有价值观、发展观同频的人才能长期契合企业，成为企业发展的长久支撑。比如海底捞公司，这家公司是我国餐饮界比较注重人才培养的企业，每年会培养出数万名合格员工，但淘汰率非常高，约有半数员工无法通过企业考核。在海底捞的考核制度里就有明确的价值观考核，且无论日常能力、业绩如何，只要价值观与发展观存在差异，海底捞都不会重用。

当代优秀企业用人理念也非常独到，这些商业强者不仅懂得用人如器、用人所长，更懂得充分发挥人才价值，主要表现为通过彰显人才价值扩大人才效应，在不断延伸辐射范围的同时促进团队整体实力的提升。比如沃尔玛优秀店长不仅要统筹分店大小事务，还要对员工进行思想干预、能力培养，在沃尔玛店长考核中有一个重要考核事项——员工离职率。一旦员工离职率过高，无论店铺营业状况如何，店长都会被换掉，这是沃尔玛确保自身团队实力的重要措施。

养人是现代企业为后续发展继续储备力量的主要方式，企业养人理念体现着企业家、企业领导者的营商思维。我认为这种机制对企业发展有两方面促进作用：一是企业人才对团队带动、影响更充分，更主动；二是团队凝聚力强大，成长速度超前。在这种机制下，企业储备了雄厚的后备力量，且人才流失率保持较低水平。

"选对人、用好人、养高人"决定了企业发展的命运。现代领导者用人眼光不可短浅，应当考虑到企业阶段性发展所需，考虑到员工的成长空间，这才是企业强化团队的正确思维。

用好人自然是指人尽其才、才尽其用，企业家不仅要善用"人"，更要学会善用"才"。

很多企业领导者认为，"养高人"需要花费大量资金，且不确定"高人"是不是企业所需。这种思维代表企业领导者误解了"养高人"的含义，"养高人"更多指培养高人，挖掘员工潜力与价值，而不是加强企业的储备力量。

另外，现代企业最忌陷入这样一种状态，员工认为"企业给我多少钱，我做多少事"，企业根据"员工做多少事，计算给多少钱"。在这种状态下，企业与员工便形成了对立，团队氛围、员工主动性开始负面发展。

在研究了国内外众多知名企业的用人方式、薪资架构后，我发现当代成功企业都在用"六分人才，八分使用，十分待遇"的方式对待员工。

所谓"六分人才，八分使用，十分待遇"是指企业鼓励60分的员工做80分的事，然后给予100分的报酬。这种看似加大企业运营成本的用人方法往往可以为企业带来意想不到的收获。因为现代大多数企业对员工实力的挖掘远远不足，彼此的被动关系导致企业发展长期受限，如能解决员工的根本问题，企业发展可以发生质变。

通过"六分人才，八分使用，十分待遇"的方式，领导者可以发现企业员工能力远超想象，企业人才不断增加，虽然企业运营成本加大，但发展受限问题可以得到解决，企业顺利进入健康的发展状态。

07 将军必须出自英雄

何为英雄？取得卓越成就，为他人作出突出贡献的人。何为将军？能够带领团队取得胜利的卓越者。从两者的本质中可以看出，将军不仅自身优秀，更可以把优秀扩大到团队之上，这就是将才的特征。

回顾当前商业市场，所有企业都需要能够带领团队打胜仗的"将军"，但大多数企业招揽、培养的只是"英雄"。我认为企业引才纳贤的思路没有问题，但整体战略需要完善，定位"英雄"只是企业正确用人的第一步，关键在于"英雄"能够具备拥抱变化的心态，能够针对企业发展需求制定相应策略，能够强化团队而不是凸显自己。

目前，市场中依然存在很多企业虽然有着健全的人才培养机制，但团队整体实力仍不足，这是典型缺乏"将军"的表现。军队文化中还有这样一句话"将军不是培养出来的，而是打仗打出来的"。这句话告诉当代企业家，企业的优秀将才需要经历实践考验，需要去带兵打仗。

华为创始人任正非曾说过："华为的人才管理机制坚持从成功实践中选拔干部。打造富有高度使命感与责任感，具备战略洞察能力与决断力、战役的管控能力，崇尚战斗意志、自我牺牲和求真务实精神的干部队伍。敢于选拔优秀的低职级员工，也敢于淘汰不作为的高职级的'主管'。"

华为的人才管理理论也是我推崇的人才管理理念，正所谓将军必来自英雄，因为英雄不仅有成功的经验，更有带动团队、务实求真的品质，这也是现代高端人才的评价标准。

◎ 只有经过淬炼，才能筛选出真人才

随着我国商业市场日益走向国际化，企业想要稳固市场地位、拓展市场边界、提升品牌高度，就需要不断提升核心人才标准。我曾认真研究过知名品牌多位核心领导者的成长经历，发现这些现代商业人才无论学历、经验存在何种差异，都有着丰富的基层工作经验，对行业实践认知十分到位。

从这些强企核心人才培养策略中总结得出，真正的人才都是淬炼而成的，而不是培养所得。我国传统文化有这样一句名言"宰相必起于州郡，猛将必发于卒伍"，意思为任何成功人物都是从基层做起，一步步成长为人才的。

为确保内部人才的优质性，我汲取了这些人才管理机制中的优质人才

培养策略，并结合海尔集团的"人才赛马论"，帮助企业顺利筛选、培养了更多人才，不断强化、壮大自身团队。

"人才赛马论"是海尔集团知名的用人理念，这一理念是指"人人是人才，赛马不相马。你能够翻多大跟头，给你搭建多大舞台"。

海尔的这种人才培养策略非常精辟，它强调企业人才资源开发不是研究培养谁、提拔谁，而是如何建立充分激发员工潜能的机制。简单来说，海尔集团是为所有员工提供了公平竞争的环境，在各项竞争中让员工充分展现自身特点，之后对员工进行有效调配与培养，通过这种方式海尔集团强大了团队基础实力。

张瑞敏曾说过："给你比赛的场地，帮你明确比赛的目标，比赛的规则公开化，谁能跑在前面，就看你自己的了。"

"兵随将转，无不可用之人。"作为企业领导，你的任务不是去发现人才，而是建立一个选出人才的机制，给每个人相同的竞争机会。作为企业领导，你可以不知道下属的短处，但不能不知道他的长处。

"每个人可以参加预赛、半决赛、决赛，但进入新的领域时必须重新参加该领域的预赛。"

华为创始人任正非说过："我只关注最前面的人，这样后面的人就会紧跟着前面的人。""人才赛马论"恰恰为企业培养了更多"前者"，同时带来了长期的后者带动性，在这种人才培养机制下，企业优质人才培养速度才能凸显。

《论语·雍也》中写道："己欲立而立人，己欲达而达人"，意思是自己想立足时也帮助别人立足，自己想发达时也帮助他人发达。这是当代人才培养的重要标准。想要带动他人，首先要自己强大；想要引领他人，首先自己要站到队伍前沿。

在企业内，如果有员工提出团队优化方法，首先这位员工要通过实际行动做出成绩，只有自身证明了方法的有效性，这种方法才会被推广到团队，这位员工才会受到嘉奖。

换言之，在企业内只提出理论、方法的人不会被认定为人才，而通过事实验证方法可行的人才会被视为人才。

企业评定人才的唯一标准是价值，即在企业内人才并不是做事最多、做事最快的人，而是为企业创造最大价值的人。我认为，勤奋、努力固然重要，但工作一定要讲究技巧与效率。做多、做对、做快只是基础，做优、做好才是追求，这种人才激励措施能有效应对市场的激烈竞争，带领企业质变升级，促使企业在同行业中脱颖而出。

"不经淬炼，不出真金"是企业人才管理机制的核心理念。我始终坚信，人才只有通过磨炼才能得到成长，才能创造价值，才能将自身能力转化为企业所需的竞争力。

◎ 如何才是用人所长，不求全责备

中国历代的著名军事家皆是用人高手，仔细研究了这些历史名人的生平后我发现，曾国藩的用人理论非常适用于现代企业经营，可以为企业用人之道带来方向性指引。

例如，曾国藩曾说过"用人不轻率，不冗员，不求全责备，量才适用，容人所短"，这句话是讲任何人都有长处与短处，领导者需要思考如何合理运用与培养，如何将他人的能力转化为自己的能力。

曾国藩在劝导自己弟弟时还曾这样说过："用人不率冗，存心不自满，二者本末俱到，必可免于咎戾，不坠令名"。其释义为用人不能轻率随便，也不能怀有骄傲自大的思想，做到这两点就能兼顾处事的根本与细节，就可以避免灾祸，更不会有损名声。

从曾国藩的这两段话中可以了解到，现代企业家、领导者用人选才不可轻率，要谨慎选择，少用闲人、少用轻浮之人。领导者自己要保持谦虚谨慎的态度，无论身份如何，都不要自以为是，一定要表现得温和恭敬，谦让才能够纳入贤士。

"好而知其恶，恶而知其美者，天下鲜矣"是《礼记·大学》中一种经典的用人道理。意思为你喜欢的人，你要知道他的缺点，且做事不可偏袒；你厌恶的人，你也要了解他的优点，不能抹杀。客观、公正地评价他人，不能感情用事，不能因个人主观意见产生偏见。

对这种用人道理曾国藩同样理解得非常透彻，他不仅客观公正地对待身边的每一个人，而且用"扬善于公庭，归过于私室"的方式对待下属。

所谓"扬善于公庭，归过于私室"是指在公开场合要多表扬他人的优点，而对他人的缺点与过失，要在私下里去纠正规劝。这种理念对于现代企业培养人才而言非常重要，"扬善于公庭"的方式可以带动其他员工成长,"归过于私室"可以有效改正员工缺点,并提升其忠诚度。

另外,曾国藩还对自己的用人策略进行过总结,曾国藩曾说:"衡人亦不可眼界过高。人才靠奖励而出。大凡中等之才,奖率鼓励,便可望成大器;若一味贬斥不用,则慢慢地就会坠为朽庸。"这也是曾国藩对用人心理的分析总结。领导者想要培养人才,看重其优点要大过于缺点,如果只盯着缺点不放,往往就会打击人才的上进心,多鼓励和扶助则会加速人才的成长。

◎ 企业的选人之道

吸取了众多用人之道后,我总结提炼了一套适用于现代企业的选才之道,通过运用,企业得以提升团队凝聚力,确保自身持久的发展力与竞争力。

中华传统文化中将人分为四等。德才兼备乃上上之选;有德无才次之,可保德育才;无才无德的,可弃用之;有才无德,则危之、慎之。现代商场中,很多企业领导者只重才而忽视德行。从古今大家识才、辨才、用才的方式中可以看出,学识高品德差的员工对企业危害最大,因为这类员工往往身居企业要职,一旦出现问题企业将蒙受重大损失。

因此,企业在选贤任能过程中会对员工品德进行一系列考核,以确保其德才兼备。

另外,现代企业中"纸上谈兵"之人屡见不鲜,身体力行之人却寥寥无几。巨人董事长史玉柱也说过："企业发展过程中应多引进战术人才，少引进战略人才。"这句话也是指企业领导者需要重用行事者，而不能被谋事者的表象蒙蔽。

因此，企业要坚持以价值衡量人才的标准。能够为企业带来实际价值的员工才是企业重点培养、奖励的对象。

对"只认功劳，不认苦劳"的用人理念，人们至今仍褒贬不一。我在仔细分析过这种用人策略后发现，这种用人策略是当代企业的用人铁则，但运用时需要具备前提。企业发展初期这种用人策略并不适用，因为小企业靠感情管理，"不认苦劳"会伤害团队凝聚力。成熟企业需要制度管理，"只认功劳，不认苦劳"的思维便十分适用。唐太宗"用人如器"思想也是抛开个人情感后的用人方法。将人才视为工具，一旦工具失去作用只有两种结果，或改造续用，或妥善处理。

另外，"只认功劳，不认苦劳"的用人策略也是最公平的企业管理方法。机遇面前人人平等，内部晋升实力为王。这样的用人思维才能确保企业凝聚出强大的力量，企业发展更有保障。

企业不会放弃每一位曾经对企业有贡献的员工，但会为后来居上者留出适合的位置。对于无法跟随企业发展节奏的老员工，在经营企业过程中，我也会为对企业有贡献的老员工挑选适合的位置，并鼓励其主动提升自己，以获得更优厚的待遇。

在中华商道的用人策略研究过程中，我感受最深的当属"视人而用"，因为极少数人才可以称为全才，大多数人才是具备某个突出优点、可以解决企业某种问题的优秀员工。站在这一角度思考，企业人才的多少便取决于领导者"视人而用"的能力，把每一位员工放在最适合的位置，企业自身实力自然会变得雄厚。

员工的成长速度等同于企业的发展速度，员工的成长空间也决定了企业的发展空间。企业通过不断发掘每位员工的潜力、提升每位员工能力的方法，才能获得瞩目的成就，这也证明了"把人的力量发挥到最大是企业成功的最佳方式"的道理。

第四章

水深鱼聚，德厚才聚：
经营企业就是经营德行

《诗经》有云"高山仰止，景行行止"，意思为道德高尚、光明正大的人才会受到更多敬仰与仿效。这句话也表明当代企业只有具备深厚文化、高尚德行才能成长为行业强者，才能占据市场主导地位。

01 林茂鸟有归，水深鱼知聚

《史记·货殖列传》有云："渊深而鱼生之，山深而兽往之，人富而仁义附焉。"企业发展也在遵循相同的道理，为什么人才愿意奔大企业而去？因为大企业形成了生态，人才得以施展才华。企业家要想做大企业，不仅要经营企业的利润，更要经营企业文化与德行。只有企业底蕴深厚，人才才会争相入职。

自古以来，文化便是重要的商业元素，现代商业多元化升级也加速了文化融合。在文化赋能下现代商业唤起了消费者共鸣，强化了商业品牌，增强了消费吸引力。尤其在互联网时代到来后，传统单元素商业市场变得门可罗雀，实体商业为了长久发展开始与文化深度结合，就连零食都开始借助怀旧文化破圈创新，可见文化拥有多么突出的商业价值。

在众多中华文化中，传统文化与商业结合得最为密切，被称为现代商业创造力与凝聚力的源泉。

例如，我国知名网红饮品喜茶入选了"2021年度中国品牌创新案例"，并受邀出席了人民日报2021中国品牌论坛。在论坛上，喜茶与大家分享了自己新茶饮行业开创者的发展经验，并介绍了弘扬中华传统文化、打造中国品牌的成果。

作为我国餐饮行业的年轻品牌，喜茶借助优秀传统文化取得了巨大成功。茶本是我国重要的文化符号，有着悠久的历史文化底蕴。而喜茶将中国传统茶文化结合年轻属性创造出新势力品牌，喜茶品牌负责人曾这样介绍喜茶"喜茶以茶的年轻化为起点，为世界创造能激励大众的产品与品牌"。

喜茶自成立以来，文化便成了喜茶的主打IP，喜茶以茶文化为载体，进行各种产品创新突破，在满足当代消费者口味需求的同时努力传承、弘扬我国的优秀传统文化，借助这种文化力量在国际市场上打造具有独特文化内涵的中国品牌。

喜茶创立之初，只是广东江门江边里的一家街边门头小店，喜茶的第一款创新产品是中西合璧的芝士茶，在芝士茶取得成功后，喜茶发现传统文化创新能够带来巨大发展突破，甚至推动行业升级，由此喜茶走上了文化创新的道路。

2020年9月，喜茶首家"岭南风"主题店在广州永庆坊开业，这家主题店的设计风格、产品类型充分整合了中国传统建筑文化以及广东茶点文化，将各种传统手工艺品通过现代形式重现，主题店深受大众喜爱，并逐渐发展成广州茶品行业的一大亮点。

喜茶粉丝对这家主题店的评价为，深度推动传统非遗文化传承，中国传统文化借助年轻新势力延续。同时，喜茶与永庆坊还携手推出了两款非遗礼盒，将传奇色彩与茶文化进行巧妙的融合，喜茶口碑再次提升。

2020年12月，喜茶携手中华老字号荣宝斋、国际知名荷兰籍华裔艺术家Digiway对中国十大名画《韩熙载夜宴图》进行艺术创新，并推出喜茶版"灵感饮茶派对"，以及与此匹配的一系列限定主题周边产品，喜茶文化效应逐渐扩大，喜茶文化IP形象在粉丝眼中越发深刻。

截至2022年，喜茶打造的文化精品已有数十种，且每一款都取得了巨大成功，喜茶对此总结为传统文化结合商业文化重新焕发时代魅力，传统文化的复兴可以引领现代文化潮流，现代品牌借助中华优秀传统文化能够积蓄雄厚的品牌势能。

从喜茶的发展中可以看出，文化是当代商业市场发展的重要力量。

事实上，在商业发展中弘扬传统文化不仅是现代市场的发展趋势，更是我国商业高质量发展的明确政策。2017年，为建设社会主义文化强国，增强国家文化软实力，实现中华民族伟大复兴的中国梦，中共中央办公厅、国务院办公厅印发了《关于实施中华优秀传统文化传承发展工程的意见》，明确提出："文化是民族的血脉，是人民的精神家园。文化自信是更基本、更深层、更持久的力量。中华文化独一无二的理念、智慧、气度、神韵，增添了中国人民和中华民族内心深处的自信和自豪。"

"融入生产生活。注重实践与养成、需求与供给、形式与内容相结合,把中华优秀传统文化内涵更好更多地融入生产生活各方面。深入挖掘城市历史文化价值,提炼精选一批凸显文化特色的经典性元素和标志性符号,纳入城镇化建设、城市规划设计,合理应用于城市雕塑、广场园林等公共空间,避免千篇一律、千城一面。挖掘整理传统建筑文化,鼓励建筑设计继承创新,推进城市修补、生态修复工作,延续城市文脉。加强'美丽乡村'文化建设,发掘和保护一批处处有历史、步步有文化的小镇和村庄。用中华优秀传统文化的精髓涵养企业精神,培育现代企业文化。实施中华老字号保护发展工程,支持一批文化特色浓、品牌信誉高、有市场竞争力的中华老字号做精做强。"

从《关于实施中华优秀传统文化传承发展工程的意见》中可以看出,文化力量不仅是我国社会发展的重要力量,更是我国商业市场打造优质品牌的重要基础。我认为在商业市场挖掘、传递中华传统文化是我国商业人士的责任,因为文化传递是让世界看清中国、品味中国的主要方式。中国商业作为联通全球经济的主要脉络,我们有义务为其附加文化价值。正如李宁打造的"国潮",花西子传承的东方审美,安踏与故宫的跨界联名,都是现代品牌附加文化价值的代表举措,在传统文化加持下,商业发展往往可以超乎想象。

02 企业的文化与德行,是企业的根本

《论语》有云"德不孤,必有邻",这句话的意思是有道德的人不会孤单,必能够吸引一群志同道合之人来伴随。《素书》中也讲到"德足以怀远",其中"远"是指时间与空间的延伸,并非单纯的距离。从商道角度分析,这句话也告诫现代商业人士,只有具备良好的德行,企业才能够更加长远。

现代市场中太多企业重利益、重资源、重声誉、重规模,在名与利的追求下忘记仁德、包容、乐观等商业优良传统,却未发现资源、规模的强大只是企业外在的强大,德才是企业的内涵。德才兼备,企业才能够稳操胜券、渐入佳境。

以现代火爆的自媒体市场为例,虽然时代红利促使大批自媒体企业高速成长,但最终留下的强者一定是德行兼备之人。在企业成长过程中,大

量无德商家遭到曝光，大量网红直播翻车，这便是德行缺失的最终后果。

现代企业的胸怀决定了未来发展空间，正所谓有多大的胸怀便有多大的格局，有多大的胸怀便有多大的成就。企业如不能胸怀千万里，便无法在商海中遨游，在商土上驰骋。

我从多年的营商经历中，意识到现代商人喜欢把胸怀理解为格局，但我认为胸怀不仅包括格局，更包括"道"与"术"的中华商道理念。所谓"道"是指企业需要具备"胸怀众生，以天下为己任"的高尚情操，行正道、做正事，如此才能一呼百应，带领员工团结一心谋发展。所谓"术"是指企业的价值观与经营理念，即企业采用什么样的方式获取财富，体现自身价值。但无论"术"如何，都不能有悖正道，行事需光明正大，发展需历久弥坚，如此企业才能够长久。

稻盛和夫曾对中国企业家说过这样一句话："经营者要有出众的哲学思想，想要拓展经营，首先要提高经营者自身的心性。"

我们认为经营哲学并非商业感悟，更多体现为经营思维与价值理念。企业在发展过程中，不断吸取市场先进理念并结合中华传统文化，总结出有助于企业快速发展的经营哲学。

在带领企业发展的过程中，我练就了"永不言弃，永不言败"的心性。一路走来历经磨难，却从未有过后退之举，因为我们坚信"永不言弃，永不言败"的发展之道，这也是我经营企业的初心与坚持。

多年的从商经验让我认定现代企业需要从发展之初树立良好的德行标准，以做百年企业为基本目标，长久思考如何让更多人获利，如此，德便在行当中，德便伴随行而增长。

2021年2月，定义和推动合乎道德的业务实践标准的全球领导者道德村协会公布了"2021年度全球最具商业道德企业"排行榜，在这一榜单中，大多数企业都拥有百年以上发展历史。从这些口碑企业中我看到了一个共同点，那便是企业的德行兼备。正是因为这些企业懂得将商业德行与企业文化融合，才能在数十年乃至数百年的发展中长期秉持职业操守，品牌口碑、发展实力才得以持续下去。

著名西点军校导师西莱·福格也曾说过，决定一个人价值和前途的不是聪敏的头脑和过人的才华，而是正直的品德，这也暗合了中国儒家德行为重的哲学理念。在现代商业市场中，知识的确是力量，但品德是力量的方向，没有品德力量则企业毫无方向可言，企业发展自然疲软。

总而言之，企业想要成长须"以德为行，以学为上"、在商业正道中强大自身，正如中国商道所言"天道酬勤，地道酬善，人道酬诚"，勤、善、诚便是现代商业人士的德，企业发展的根。

03 好的企业，都善于经营文化

企业文化是现代企业的灵魂，企业文化明确着企业的价值与发展方向。当代很多企业致力于研究企业战略、发展模式，却忽视了文化才是市场战略与商业模式的起点。

从当代商业市场发展现状中可以看出，成熟企业一定懂得经营文化，成功企业一定善于经营文化。因为企业战略受文化约束，缺乏企业文化支撑，企业团队就很难坚定信念，企业发展战略也难以贯彻。

在梳理了大量优秀企业文化后，我逐渐意识到企业文化不是简单的经营口号，而是企业发展的精神力量。这种力量可以支撑企业高速发展，凝聚员工向心力，并提升企业的品牌高度。所以，企业文化也是当代企业发展的重点。

例如，1932年出生于日本，27岁创办京瓷，52岁创办第二电信，78

岁接受申请破产保护的日航，并在一年时间内创造了三项世界第一纪录的稻盛和夫被现代商业人士尊称为"经营之圣"。稻盛和夫创造的商业神话不仅成绩突出，而且经营的每一家企业都堪称伟大，这也让稻盛和夫的商业理念、经营哲学被无数人追捧、效仿，人们力求跟随他的脚步获得瞩目的成就。

事实上，早在2011年稻盛和夫完成了日航的涅槃重生后，就将自己的经营秘密分享给了所有商业人士。稻盛和夫以日航脱胎换骨的经历为案例，总结了自己经营企业的五种方法。

稻盛和夫表示，如果一定要说到成功秘密的话，这秘密有五个。

第一，是零工资的奉献给了全体员工很大的精神鼓励。我接受政府的邀请出任公司董事长时，已是快80岁的老人，在许多的员工眼里，我是他（她）们的爷爷、父亲或叔叔，我一生与日本航空公司没有什么关系，却愿意不领一分钱的工资为日本航空公司的重建奉献最后的力量，给了全体员工一个很好的榜样。

第二，我之所以答应政府的邀请到日本航空公司来担任董事长，是认识到不能让它倒闭，不能让它影响日本经济，尽可能地保住更多人的工作机会。

第三，担任董事长后，我做的第一件事，就是要明确日本航空公司的经营目标，并将这一目标反复向全体员工传达，让每一位员工时刻牢记自己要做什么，公司要做到什么。这一做法，与我创建和经营京瓷公司、KDDI公司一样。我觉得，只有把员工的幸福放在第一位，大家团结一心，经营者与员工的心灵产生共鸣，企业才能走出困境，才能获得健康发展。

第四，在日本航空公司，用稻盛和夫的经营哲学和人生观，对企业进行改革，尤其是对"官僚体制"进行了彻底的改革。我首先对企业的经营服务意识进行了改革，制定了40个项目的服务内容，让员工和我一起拥有共同的价值观，拥有共同的经营理念，做到"物心两面"一致，形成了日本航空公司新的企业理念。

第五，对于公司内部经营体制实施了改革，实行了航线单独核算制度，并确定了各航线的经营责任人。统计工作实施速报制，各个部门的数据做到即有即报，公司详尽的经营报告做到了一个月内完成，以便让经营班子随时掌握公司的经营实况。

从稻盛和夫的五个秘密中可以看出他毫无私心的人格魅力，也看到了"企业经营者要尽可能让员工感到幸福，要多为社会做贡献"的大义，这便是他的经营哲学。稻盛哲学的高明之处体现为他用经营人生、经营文化的方式去经营企业，为企业附加品格、道德、才智、格局等人性特点。在经营中稻盛和夫始终不把"盈利"作为经营重心与目标，而是以"利他"为核心，在"利他"主题下，他变革企业制度、升级企业文化，令员工前所未有地团结，来促进企业健康成长、行稳致远，这便是稻盛和夫成功的秘诀。

稻盛和夫还曾对中国企业说过这样一句话："没有经营哲学的企业就缺失了灵魂，而经营哲学也是目前很多中国企业欠缺的。"经营哲学的主要体现方式为企业文化，这句话也点醒了无数中国企业家，企业经营的最高境界一定是经营文化，文化可以让企业生生不息，文化可以让企业伟大、不朽。

◎ 企业如何传承并推动文化发展

近年来，中国商业市场表现出了蓬勃发展之势，在这种蓬勃发展之下却充斥着一种浮躁的气息，从而导致中国企业迭代更新频繁，而真正做大、做强、做久的强者寥寥无几。

事实上，中华传统文化中也包含着不逊于"稻盛哲学"的经营理论，且商道智者早已洞悉大道至简、文化为先的发展理念。以稻盛和夫的"利他"思维为例，《道德经》早在数千年前便提出了"利他为公，无己无功无名"的理论，并直接阐明利他才是利己，利他才是成大道的正确方式。

老子也曾说"上善若水，水善利万物而不争，处众人之所恶，故几于道"，意思为善良的人如同水一样，水滋润万物却不与万物相争，水停留在众人不喜欢的地方，所以，水最接近于"道"。这段话在商道中同样表达着利他的经营思想，企业如果可以如水般经营，自然可以成就伟大。

所以说，中国企业经营无须崇洋媚外，中华传统文化是现代商业人士不可忽视的经典商道，"中学为魂，西制为用"的方法便是中国企业成功的正途。以"经营企业的最高境界是经营文化"为例，中国企业的文化经营无须模仿稻盛和夫的哲学理念，只需要基于自身特点、行业特色，结合中国商道精髓，注重以下几点，同样可以进行有效的文化经营。

1. 规避文化误区

企业文化是企业价值观、使命感、愿景、理念、信念的融合，影响着企业运营、员工成长的方方面面，所以，企业文化一定要产生实质作用，不能只居于企业表面。

我通过对现代商业市场的全面考察，总结了国内企业制定企业文化时常见几个误区。只有及时规避这些误区，企业才能够提炼出堪称企业灵魂的文化。

（1）政治文化。目前，国内很多的企业文化设定为一些铿锵有力的口号，比如"团结""务实""拼搏""奉献"等，这些口号虽然正向，但是与企业自身的价值取向、经营理念、整体风格不同，很难与员工产生共鸣，自然无法激励企业发展。

（2）表面文化。有些企业根据自身情况制定了契合的文化，但文化践行的方式主要局限于喊口号、搞团建、设目标等，企业的运营机制、管理方式、发展理念丝毫没有转变，这就是表面文化的主要特征。

（3）形式文化。某些企业为统一企业文化，将办公环境、办公用具、员工服饰、着装要求进行了一系列整改，但没有深入贯彻其他措施，这就是形式文化的主要特征。

（4）僵化文化。企业文化的体现方式应当是有效的机制调整，而不是强硬的制度附加。某些企业制定了一系列硬性管理制度，并根据制度严格要求员工行为，造成企业内部气氛紧张、沉闷，团队凝聚力大幅下降，这就是僵化文化的主要特征。

只有规避这些文化误区，企业文化才能够真正发挥作用。

2. 企业文化的核心板块

企业文化的构建主要包含四个核心板块，分别为物质文化、行为文化、制度文化与精神文化。企业文化只有从这四个层面产生影响，才能够真正对企业产生促进作用。

（1）物质文化。物质文化是企业文化的主要表现形态，现代企业可以从办公环境、企业容貌、广告宣传、产品风格等层面进行文化展示，力求做到企业文化传递的全面化、统一化。

（2）行为文化。行为文化主要体现在企业的运营过程中，即在员工工作、生活、娱乐、学习等活动中融入企业文化，并以员工为载体不断向外传递企业文化。

（3）制度文化。顾名思义，制度文化是指将企业文化融入企业制度中，其主要包括管理制度、薪资制度两方面，这两方面需要同步进行。如果只基于企业文化调整管理制度，员工会认为企业文化是形式主义，是领导者调整制度的借口，而配合薪资制度调整，员工则更容易与企业达成文化共识，企业文化产生的效果也就会更加突出。

（4）精神文化。精神文化是企业文化不可或缺的关键，也是企业文化能否产生效果的重要元素。精神文化主要包括企业精神、经营哲理、道德操守、企业价值观、企业风貌、意识形态等，精神文化设置得越完整，企业文化产生的影响才越深远。

3. 文化经营技巧

企业提炼了高尚的文化后，如何将文化转化为企业发展动力，转化为内部管理工具是领导者需要思考的重点，也是企业文化能否产生价值的关键。我结合自身营商历程，将企业文化的经营技巧归纳为以下五点。

（1）正确理解文化。企业文化需要正确理解，且需要站在准确的角度理解。很多人认为企业文化等于领导文化，是领导的个人思想、发展目标。事实上，企业文化是团队文化、员工文化，它真实反映着企业基层的发展与成长理念，员工只有站在自身角度、团队角度解读企业文化，企业文化才能够发挥作用。

（2）令文化产生功能。企业文化不是领导者向员工进行的理念灌输，而是员工对企业、对领导者的认同。所以，企业文化可以产生两种功能：一是用于规范员工的日常行为准则；二是培养员工对企业的认同感、归属感、亲近感，从而提升企业的凝聚力与执行力。

当企业文化产生这两种功能后，企业文化价值便可以得到体现。

（3）提炼核心价值。企业文化的核心依然是企业的价值体系，领导者必须通过企业文化改善员工的个人价值观、企业价值观，当员工价值观得到改善、统一后，企业发展便可以更加顺畅、更加高效。

（4）领导者身体力行。企业文化虽然是员工文化、团队文化，但需要领导者以身作则，通过自身行动号召员工践行企业文化。

领导者身体力行的主要方式有两种，一是带头遵守文化制度，二是加大文化的传播力度。通过这两种方式，领导者就可以扩大文化宣传效果，并向员工明示文化产生的意义。

（5）更新文化。企业文化是基于企业实际经营情况而产生的，随着企业发展，企业文化也需要更新升级，从而确保企业文化对内保持较强的适应力、引导力，对外表现较强的竞争力。

比亚迪总裁王传福曾说过："企业发展到一定阶段，特别是像比亚迪这种跨领域、多产品、多业务的，更需要文化，更需要有精髓的文化。真正靠文化来经营企业，这应该就是企业最高境界。比亚迪进入更高级的发展阶段，希望能够做到靠文化来经营企业，不管是人才还是产品，只要进入我们的文化，都可以变成公司需要的人才、需要的产品，这就是我们追求的，用文化来经营。"

如今企业文化已经被越来越多的企业重视，越来越多的中国企业家发现，文化才是企业的灵魂，是企业经久不衰、持久不败的重要保障。优秀企业一定要懂得缔造文化，优秀企业一定要懂得经营文化，这也是现代企业家必须掌握的能力。

04 以高薪招人，更要以"文化"留人

企业文化是现代企业发展的内部核心动力，在正确文化的支撑下企业得以走得更稳更远。很多企业家懂得制定文化、凝聚文化，但对企业文化运用存在明显不足。企业文化不仅是企业方向的指引，更是向心力的源泉，合理运用企业文化，团队紧密性、配合度可以显著提升，企业人才流失率可以无限降低。

比如现代企业为增强自身实力不惜以重金聘请人才，但真正的人才绝对不是因为高薪而留在企业当中，在人才自身实力达到一定水平后，其就业选择范围可以无限拓宽，高薪只是基本需求，如何摆脱体制束缚、如何充分展现自我才是人才的主要目标。

人才流失对企业发展而言是一种重大损失，因为人才流失削弱的不仅是团队实力，更会带走企业的智慧资源、技术资源、管理资源，企业核心

竞争力受到严重影响，针对这种情况采取"以人为本""以文化留人"策略，才是解决问题的根本方法。

中华商道中流传着这样一种话：上乘者，以心留人；中乘者，以薪留人；下乘者，以制度留人。

我曾梳理过一些成功企业的人才流失案例，发现以制度留人的方式基本已被市场淘汰，尤其在2020年之后，中国商业市场生力军以90后为主，思维活跃的年轻群体十分抵触强制性手段，哪怕与薪资挂钩的管理方式都无法起到良好的约束作用，且会引起这一群体的反感，降低企业声誉。

"以心留人"是当代企业确保自身实力长久稳固的主要方式，"以心留人"是指企业在合理薪资制度上，通过企业文化、情感链接增强员工的归属感与忠诚度。如果企业文化可以触动员工信念，令其认识到工作的价值与意义，员工便会自觉改变行为，企业管理也会轻松有效。尤其新生代员工，这一群体对薪资的重视度不高，与薪资挂钩的管理制度很容易引发新生代员工的抵触、反感情绪，所以，"留心"的管理方式才更加有效。

分析过当代成功企业的人资管理策略后，我发现从小米、华为等成功企业离职的员工，大多怀着一份感激之情，他们是在不得已的情况下离开企业，余生都在感激企业对他们的打磨和培养。这就代表，这些成功的企业，彻彻底底留住了他们的心。

俗话说，得人心者得天下。从历代优秀领导者的留人策略中可以看出，留人的关键正在于留心，而成功企业留心的主要方式是什么呢？不是制度，不是薪资，而是文化。这些企业在制定企业文化之初，便对员工内心产生了深远影响，甚至改变了员工的是非观、价值观，这是一种非常强大的领导者思维。

例如，海尔公司内流行一句话，"对事不对人，有什么事当面说出来"。所有人都知道这句话，却很少有企业将其作为企业文化。海尔集团正是借助这句话消除了员工之间主观敌对意识，杜绝了企业内部拉帮结伙的状况，也大幅减少了员工之间的矛盾冲突。

由此可见，企业文化也是企业管理、企业留人的有效措施，而睿智的领导者十分懂得用文化留住员工的内心。以现代大型企业影响员工内心的策略为例，年轻员工的主要追求不是薪资，而是实现自我与理想趋同，所以成功企业都会将自己打造成年轻人的筑梦平台，这些企业不仅让员工收获颇丰，更让员工内心舒畅，员工的归属感自然会不断增强。

无论企业管理还是企业留人，"薪"与"心"齐头并进才是正确的方式，"薪"与"心"达成平衡能够取得更佳的留人效果。从中华商道理念出发，"薪"代表"利"，"心"代表"义"，"利"与"义"始终是相辅相成的关系，孔子也曾说过"恭则不侮，宽则得众，信则人任焉，敏则有功，惠则足以使人"，其中"惠"便指财务、利益，"惠则足以使人"的意思为给人充足的利益才能够指使他人。

所以，企业文化与企业薪资是密不可分的关系，这也是我不断强调企业文化须建立在合理薪资制度上的原因。

从理性角度分析，企业支付薪资购买员工的能力、经验、时间从而换取回报，企业文化是提升员工与企业共同收益的重要力量，但企业不会养闲人，也不会与不思进取的员工谈文化。文化传递更多地针对有价值的员工，目的是让彼此收获丰厚的回报。

通过企业文化让员工从内心产生认同感、收获感，自觉将个人成长与企业发展高度关联，便可以令企业产生"远者来，近者悦"的人格魅力，企业的德行操守才能够获得外界的赞扬，企业才能够取得"天高任鸟飞，海阔凭鱼跃"的发展效果。

高薪可以视为现代企业招人的主要方式，也是引才效果最突出的方式，但人才来到企业后能否与企业同甘共苦、患难与共主要看企业文化。有企业文化的企业可以将员工与自身发展持续融合，可以让人才视企业为真正的归宿。

◎ 企业吸引合伙人的秘密

纵观我国当代商业市场，知名品牌取得的商业成就足以震惊世界，无数人正在钻研这些成功企业的高端模式，但很少有人能够完整看到这些企业发展的全部历程。多年的营商经验告诉我，现在已经不是单打独斗的商业时代，各行各业激烈的市场竞争决定了抱团取暖式发展更具优势，现代企业能够高速发展不仅源于自身的高端经营理念，更源于合作伙伴的鼎力支持，在合作共赢的成长模式下，企业往往可以更快取得令人瞩目的成就。

合作共赢是现代商业的特色，单打独斗的发展思维很难在当代市场长久生存。因为无论企业多么强大，必然有不足，而合作共赢可以优势互补，可以取长补短，可以迅速聚合无法想象的力量。以"利他""赋能"为主要方式，立足彼此发展初衷，制定互通共荣战略，以此达成共赢、扩大共赢。比如腾讯、阿里巴巴、万通等企业都是运用合伙模式取得了巨大成功。直到今天这些企业依然在寻找合伙人，充当其他企业的合伙人，从这些知名品牌的发展模式中可以看出，合伙模式对企业发展是多么重要。那么企业应该如何吸引合伙人，建立优质的合作模式呢？我通过众多合伙发展的成功案例分析，总结得出了以下几点。

1. 重视合伙人之间的关系

合伙模式发展的企业与其他企业不同，这类公司健康发展的先决条件不是资产、理念、商业模式，而是合伙人之间的和谐关系。合伙人关系决定了企业发展策略，决定了企业动作的最终结果，一旦合伙人之间出现分歧、矛盾，企业发展必然受到严重影响。

2. 找正确的人比找有能力的人更重要

很多企业希望与有实力的合伙人合作，却忽略了彼此的匹配性与契合度。事实上，合伙人之间需要保持互补关系，并且处于平等地位，彼此拥有相同理念，相互信任，瞄准相同的目标长远发展。正如雷军在成立小米公司之初为了找到合适的合伙人，先后打了近百个电话，最终才找到自己想要的"相当靠谱的人"，而小米公司四年后发展成百亿美元销售、百亿美元估值的知名品牌。无数实力雄厚的企业渴望与小米达成合作，但雷军依然采取相同策略寻找合伙人，由此可见，找对人比找有实力的人更重要。

3.展现企业健康机制与发展实力

企业吸引合伙人需要具备"吸引点",现代商业市场中最能吸引合伙人的关键点有两个:一是实力,实力是指企业良好的发展势态,为加速发展扩大成果可以寻找合适的合伙人进行合作。二是潜力,潜力是指健康的发展机制,通过运营效果、发展速度展示,企业让更多人看到发展潜力与发展前景,以此吸引志同道合的合伙人合作发展。

4.定制优质合伙模式

企业不仅要有实力与潜力,还需要定制优质的合伙模式,让合伙人看到企业的合伙成绩,看到共赢共进的合作效果。只有合伙模式公平、公正,且合作收益突出时,企业对合伙人的吸引力才能充分凸显。

《礼记·中庸》中写道:"万物并育而不相害,道并行而不相悖。"此话深度阐释了我国商业发展的基本方式。合作是个人达成梦想、众人共享美好的必经之路,在信赖、真诚的基础上,坚定不移地共同前行。

◎ 华为为什么要给员工家属寄送礼物

作为中国企业的骄傲,华为一直倡导"奋斗者"文化,并以锐意进取的姿态发展成了全球一流的通信设备商。近年来,华为虽然遭受了美国不公平的抵制,海外市场连续缩水,但华为对员工发放的福利丝毫没有减少,且为员工家属准备的礼物也未减少,这就是华为打造奋斗者的一种方式。

华为自成立以来，每年都会花费上百亿元为员工发放各种福利，并为员工家属准备各种礼物，且华为对员工家属的关怀非常细心。

比如员工家人在外地，华为便将礼物寄送到家人手中，且华为的每一份礼物都是定制的，会根据员工生活、流行趋势为员工选择最恰当的礼物。另外，华为还会为员工家属安排工作，解决各种家庭问题。

从华为对员工及其家属无微不至的关怀中我感受到，这是一种凝聚力十分强大的企业文化，它与思科的企业文化有着异曲同工之妙，同样采用了"高薪＋情感关怀"的策略，这种文化打造方式值得当代企业家、企业管理者认真学习。

在现代国内市场中，无数企业倡导"以人为本"的经营理念，但鲜有企业达到华为的程度，这不是因为企业吝啬，而是这些企业未能像华为一样将"以人为本，以奋斗者为本"的文化理念融入企业发展、管理的细节当中，所以在文化竞争方面，华为的优势十分明显。

05 企业的竞争，归根结底是文化的竞争

市场竞争总体而言可以分为三个层面：一是表面竞争，这一层面以产品竞争为主要表现，产品价格、产品品质、营销策略决定了企业发展的结果；二是中层竞争，这一层面以战略竞争为主要表现，企业商业模式、发展战略、经营方式决定了企业市场地位；三是深度竞争，这一层面以企业文化竞争为主要表现，企业文化理念、团队向心力、未来愿景最终决定了企业命运。

目前，很多企业可以在表层与中层竞争中保持优势，但涉及文化竞争，则难以为继。事实上，企业文化是企业赖以生存的根基，是企业发展壮大的驱动力，更是市场竞争的关键力量。在分析过当代各行业前沿企业的竞争焦点后我发现，越来越多的企业开始利用企业文化提升凝聚力、创新力，文化竞争已成为大型企业较量的着力点。

现代商业市场成功企业的竞争现状足以证明，合格的企业文化可以凝聚内部员工，夯实团队共同发展的思想基础，并促进技术创新、体制改革、机制升级，为企业在市场竞争中提供强大的支撑力。

从企业文化的构成角度分析，首先，文化竞争体现为使命感竞争。一家企业是否具有使命感表现为企业发展中能否保持坚定的信念、明确的目标、合理的制度。信念可以令员工产生工作激情，目标可以增强员工的持续动力，制度可以确保企业发展的有效性，这些企业基础力量决定了企业竞争的胜负。

其次，文化竞争又体现为价值观竞争。因为价值观决定了企业的团队协作度，拥有相同的价值观，员工之间的信任感更强，相互配合更加默契。如果员工价值观存在差异，企业核心竞争力也将受到影响。

例如，我国知名地产企业龙湖地产便通过企业价值观获得了强大的市场竞争力。龙湖地产的宣传口号是"善待你的一生"，这句口号正是龙湖的服务宗旨，也是企业的品牌形象。

在多年发展中，龙湖地产赢得了极佳的市场口碑，消费者纷纷表示龙湖员工的三观正、服务好、诚信度高。这正是龙湖地产为员工树立正确价值观的结果。

为确保员工保持最正确的行业价值观，塑造企业品牌高度，龙湖地产在企业文化中进行了多种要求，甚至把"不给上级提包"明确写到了公司制度当中，通过这种实质的价值观要求，龙湖地产将正确的价值观体现到了员工的一言一行当中，进而获得消费者的认可与称赞。

再次，文化竞争还体现为企业领导者的经营理念竞争。理念决定了企业的经营方式、运营模式，清晰、正确的经营理念可以令企业少走弯路，并能加速企业发展，市场竞争力自然会更加强大。

最后，文化竞争还体现为制度竞争、商业模式竞争。因为在企业文化的影响下，企业制度的合理性、有效性才能够凸显，拥有优秀文化的企业可以令员工认同制度，自觉遵守制度，并通过制度对员工产生有效激励，企业运营更加规范、高效。

第五章

称薪量水，精益求精：走得稳才能走得远

《礼记》中写道"慎始而敬终，行稳致远"，意思为想要走得远，首先要走得稳。我国古语中也有"浮生如茶，破执如莲，戒急用忍，方能行稳致远"的告诫，释义为人生就像品茶，越品越香，人生要像莲花一样执着，破水而出，不与淤泥同污，学会忍让，不急不躁，才能走得稳当，走得更远。

01 如切如磋，如琢如磨，治之已精，而益求其精

人生于世，战战兢兢，小心前行。做企业亦复如此，精益求精，就如雕刻玉石一般，不断小心琢磨，即使已经很精致了，也要追求更精致。未来市场的发展必然趋向精细化、精致化，企业的方方面面必然要称薪量水，方可追求更高成就。

在人类文明历史上，商业发展始终承载着人们对美好生活的追求，商业运作与空间、资源、生活的联系越发紧密。随着我国商业由高速发展阶段进入高质量发展阶段，商业运作模式、底层逻辑开始出现变动。

在践行我国经济高质量发展、社会高质量发展的进程中，我越发感到当下是一个精细化时代，商业模式盲从、品牌壁垒模糊等发展趋势正在褪去，精细化运营、精细化发展正成为商业主流趋势。

在现代市场高质量发展的洪流中，我不禁联想到了一句商道理念，"如切如磋，如琢如磨"。南宋儒学集大成者朱熹为此集注"言治骨角者，既切之而复磋之；治玉石者，既琢之而复磨之；治之已精，而益求其精也"。

这两句话的意思是：君子的自我修养如同加工骨器，要经过切割与磋磨；如同加工玉器，需要雕琢雕刻，经过精益求精的加工才能成为真正的精品。这种思想契合了商业更迭逻辑，指明了商业向高层级发展必然具备高质量、精细化的特点。

高质量发展不仅是现代商业趋势，更是我国现行经济发展战略，是当代市场升级的时代课题。现代企业需要从商业本质上提升精细化程度，以此强化自身的创新力与竞争力。

例如，2020年新冠肺炎疫情严重冲击了我国房地产市场，在行业整体发展大幅下滑的市场背景下，我国知名地产品牌碧桂园发展业绩却亮点频出。仅2020年上半年，碧桂园就取得了总收入约为1849.6亿元、毛利润约为448.9亿元、净利润约为219.3亿元的惊人成绩。

碧桂园的破局之举与其深度市场布局，采取精细化、标准化发展策略有直接关系。根据碧桂园集团数据统计，截至2020年6月，碧桂园在全国31个省、自治区共签约、摘牌2662个项目，业务覆盖全国288个地级市、县、区1334个。这种市场从一线城市到六线城市的全域覆盖，均衡了碧桂园的发展布局，有效地缓解了新冠肺炎疫情对碧桂园的冲击。换言之，碧桂园在疫情期间可以随时调整发展重点，将内部资源进行有效调配，所以碧桂园的整体发展没有受到过大影响。

不过，碧桂园的发展质量依靠精细化、标准化发展策略得以保障。在各个项目开展时，碧桂园会仔细研究城市供求状况，合理投资开发，并择机均衡集团整体布局。在精细化管理上，碧桂园打造了一套行之有效的管理策略。

比如碧桂园会针对特定区域市场的关键库存进行精确监控，并准确把控该市场的月均销售面积、平均开盘指标等关键数据，按照该区域市场的动态需求进行资源合理调配与投资决策调整，通过这种精细化管理，碧桂园能够精准把控集团投资的程度。

针对国内整体市场，碧桂园也进行了详细的费用与成本管控，有效维持集团整体净利润额度和净利率，通过对各项成本费用的精细把控，碧桂园对自身发展节奏能够实现长期、实时、准确的掌握。

从碧桂园的精细化发展中可以看出，高质量发展是现代企业适应市场发展新常态的战略选择，是企业在市场竞争中脱颖而出的关键。当代商业市场有这样一句名言"待到浪潮褪去，才知道谁在裸泳"，企业只有具备了高质量、精细化的运营策略，才具备了市场动荡之后的"遮羞布"，才能成为潮来潮去间的"弄潮儿"。

在传统商业时代，企业粗犷式发展较为常见，但伴随着消费需求向多元化与定制化偏移，精细化运营策略已成为现代企业发展的重要利器。

以"国民家电品牌"美的为例，美的是我国最早加入智能家居领域的知名企业，多年来美的一直注重技术研发，依托自身庞大的用户服务数据推动产品创新迭代，用户口碑一直处于较高水平。

美的智能家居一直被用户称为"全能选手"，这一称号体现出美的智能家居产品的主要特点。在美的看来，智能家居发展的重点不是自身技术优势打造，而是用户需求的智能化满足。所以，美的将客户需求的精细化研究作为重要发展课题，结合自身用户大数据优势，努力用智慧方式解决用户生活中的各种痛点，创造出更智慧、舒适、愉悦的生活场景。

比如，美的智能家居的研发方向可以根据不同人群进行细分，之后进行个性化产品创新，依托创新产品与消费者的紧密关系，实现品牌与消费市场的深度融合。在美的智能家居商城内，无论是职场宝妈、宅男一族还是烹饪达人，都可以迅速精准定位到适合自己的智能家居产品，这就是美的智能家居精细化发展的成果，也是美的与用户保持超高粘性的主要原因。

可以说在中国家居"智造"领域，美的凭借精细化运营抢占了更多市场先机，也满足了大众对智能家居产业的新期待。

从美的的发展中可以看出，企业高质量、精细化发展升级不仅体现为企业内部运营模式优化，更体现为企业对市场需求的高标准满足。在商业市场整体进入高质量发展阶段后，消费者对产品品质、消费体验等要求不断提升，现代企业与市场需求之间的矛盾已经从供需平衡转变为品质矛盾、情感矛盾，品牌口碑就是企业高质量、精细化发展的主要衡量标准。在未来市场发展中，各行各业都将注重满足消费者高品质消费体验需求，强化自身高质量发展特点，在解决各种消费问题的同时注重品质增长，以此提升消费者获得感、幸福感与安全感。

另外，高质量、精细化也是我国建设现代化经济体的重要举措，是现代企业助力国家经济增长的主要责任。企业及时构建高质量、精细化运营体制是我国经济跨越关口的重要支撑。进行高质量、精细化转型需要当代企业具备明确的战略眼光，坚持品质优先、质量优先策略，推动行业发展质量变革、市场效率变革和商业动力变革，进而推动我国社会进入高质量、精细化发展状态，不断提升我国商业的国际竞争力与国际地位。归根结底，高质量、精细化发展是我国企业当前与未来一个时期内的发展思路，也是我国商业进行宏观调控的根本要求。只有遵循趋势，现代企业才能够适应我国市场变动，才能优化自身战略，落实新部署，凝聚新动力，推动社会经济高质量发展。

纵观全球商业市场，最早进入高质量、精细化运营状态的日本、德国在全球各种行业中早已具备较大话语权，这种商业理念、商业思想极大降低了企业管理成本与资源消耗，对企业产生的良性影响极为深远。

现代企业家喜欢着眼于市场，根据市场动向调整企业发展节奏，却很少思考市场运用的底层逻辑、产业升级的本质法则，单纯追求表象模仿导致企业在市场动荡时期危机骤增，更导致了不少初创企业过早夭折。

《礼记》中曾写道"慎始而敬终，行稳致远"，我国古语中也有"浮生如茶，破执如莲，戒急用忍，方能行稳致远"的告诫。这两句富有哲理的名言告诫了现代商人，只有不被诱惑，稳步前行，才能够取得举世瞩目的成就。企业想要长久健康发展，应当多借鉴丰田公司精细化管理的经验，以精益求精的发展态度，不断提高自身功底。

02 狂飙突进的企业为什么都活不长

2022年3月1日,国新办就"坚持稳字当头,推动商务高质量发展"举行新闻发布会,商务部部长王文涛表示,2021年国内生产总值达到了114.4万亿元,预计占世界经济比重18%以上,货物进出口总额39.1万亿元,五年蝉联全球货物贸易第一位,中国吸收外资再创历史新高,首次突破了1万亿元,达到了1.15万亿元。这些傲人成绩是我国在百年变局与世纪疫情叠加背景下取得的,这代表我国经济发展已经进入新时代,取得了高质量发展成效,实现了"十四五"良好开局。

在新时代的新发展理念下,我国商业市场保持高质量、精细化发展更为关键,因为这种发展模式决定了最终发展效果。

新发展理念与我国经济高质量发展息息相关。相信自我国确定高质量发展战略之后，大多数企业都意识到这种战略思维的重要性，但依然有大量企业未能展现出高质量、精细化发展姿态。

通过市场调查发现，我国商业市场近年来保持了高速发展势态，但深度分析后发现，大多高速发展企业主要依靠市场需求获得发展机遇，自身战略与发展模式并没有具备高质量、精细化特色。这就导致，时代红利期一些企业依靠满足市场需求获得成长，但时代红利期过后开始出现各类经营问题，这些企业最终纷纷夭折，这也是近年来狂飙突进的企业无法持久生存的主要原因。

不得不承认，我国商业市场在高质量、精细化发展阶段存在诸多矛盾，这些矛盾也抑制了我国企业的高质量发展。据美国《财富》杂志报道，截至2022年，美国中小企业平均寿命为6~7年，集团企业平均寿命为38~40年。中国中小企业的平均寿命仅为2~3年，集团企业平均寿命为7~8年。

我国国民经济处于高速增长阶段，可近年来企业倒闭、破产数量持续居高不下，这一现状值得所有商业人士深思。为何中国企业无法像美国企业一般长久生存、持续发展？

我通过市场调查发现，与海外成功企业相比，中国大多数企业的差距是全方位的，这不仅体现在企业经营当中，更体现在企业的高质量、精细化发展理念上。

例如，丰田公司将高质量、精细化发展策略细化到员工工作方式当中，并专门制定了"五个为什么"分析制度，即企业发展过程中如遇到任何问题都需要连续问几个"为什么",直到问题可以从源头上得到解决,如果过程中遇到无法解决的问题,便针对这些问题展开学习。

如果丰田汽车无法启动,公司员工需要问第一个"为什么",假如答案为"电池电量不足",则需要问第二个"为什么",假如答案为"交流发电机皮带断裂,导致电瓶亏电",则需要问第三个"为什么",假如答案为"交流发电机皮带已经超过使用寿命,未及时更换",则需要问第四个"为什么",假如答案为"客户未按照规范保养汽车",则继续问第五个"为什么",假如答案为"丰田未能及时提醒客户",丰田则会针对售后服务进行一系列整改,且在整改过程中学习市场优质品牌的服务经验,直到问题彻底解决。

这是丰田公司百年不衰的秘诀,也是值得中国企业学习的经营之道。

企业进行高质量、精细化战略转型,首先要把握整体推进与难点突破关系,因为高质量、精细化升级是一个系统工程,企业必须坚持稳中求进的发展基调。"稳"和"进"对企业高质量发展而言不是并列关系,而是一个因果关系,企业家只有把握好"稳",才能够确保"进"的质量。

"积一时之跬步,臻千里之遥程",企业发展遵循积累原则,战略转型同样注重久久为功。我国商业市场具有庞大规模与激烈竞争,企业进行高质量、精细化转型任重道远,其中涉及企业发展的方方面面,比如通过高质量、精细化运营净化市场环境、提高团队实力、提升管理效果等。企业只有在充足的战略定力下统筹每一步发展策略,做好难点突破,推进高质量、精细化转型的统筹与谋划,才能确保高质量转型效果。

中华传统文化倡导为人不可"见利忘义",中华商道中则强调为商不可"见利而进"。这句话的意思指营商者不能因为一时利益忽视发展举措,被动发展往往难逃没落命运。现代企业进行高质量、精细化战略转型是必然趋势,无论企业当前运营状况如何,都不能因为旧动能充足而忽视新动能培育。高质量、精细化战略决定了企业发展速度、效能及可持续性,推动高质量、精细化战略必然会影响企业供给侧结构性改革,影响企业盈利水平。在这种情况下企业需保持坚定不移的改革态度,着力高质量、精细化战略推进,加快内部供应链、相关制度建设,企业家需要尽量保持新动能与旧动能的平衡性,确保企业不受影响。

对于大多数实体企业而言,高质量、精细化战略制定或转型是一种挑战,因为实施高质量、精细化战略需要企业重新配置关键要素与运营机制,为新动能创造发展条件,扩宽内部空间,但高质量、精细化催生的企业新动能可以带来企业发展质量、效率、体制、动力的变革,加速企业创新,提升发展效果。

现代企业想要在市场中获得长足发展,除自身实力出众、品牌口碑过硬外,更需要企业战略、经营理念等软实力加持。今天的坚持就是为了印证软硬素养兼修,德才实力兼备是当代企业健康发展的主要方式。

尤其在看到近年来大量狂飙突进的企业表演了"高台跳水"后,我越发感受到这份社会责任感的沉重。虽然时代红利有优势,但市场终究会饱和,红利必然会分发殆尽。企业面对激烈的市场竞争立刻失控,迅速分崩离析,最终消失不见,这便是企业经营能力不足的直接后果。

曾有中国商业学者对这种现象作出过这样的评价："这些昙花一现的企业是中国企业的悲剧，其中大量企业甚至到消失那一天都未思考过企业应该如何经营。"企业发展如同树木生长，不懂得扎根只懂得向上，最终自然会倒下，企业想要长青需要自身与市场环境适应，并不断牢固根基，否则企业将无以为继。

纵观中国市场的发展现状，中国企业以小微规模为主，而小微企业在不影响获利的前提下很少主动发展，只要能达到与市场的供需平衡便处于不思进取的状态，其命运也听之任之，难以逃避被淘汰的命运。

不过大部分国内企业都懂得效率的重要性，懂得效率与利益的正比关系，只是不懂得提升企业运营效率、确保长久安全的正确方法。所以国内企业与海外企业相比，运营效率、盈利能力相对低下，市场竞争力自然不足，一旦出现市场变动便会遭受重大损失，甚至被淘汰。

事实上，无论商业市场如何升级迭代，卓越与优秀企业自身始终可以保持稳定、持续的发展状态，这是因为企业家、企业领导者看透了趋势背后的底层逻辑，进行了高质量、精细化升级。通过这种方式，这些企业具备了风险应对能力，避免了各种挫折、失败，进而使企业无惧市场竞争与挑战，真正做到基业长青、优势长存。

03 走得稳，才能基业长青

在快节奏发展的商业时代，唯一不变的真理就是变化。跟随时代、市场变化，以变应变，是企业行得稳、走得远的正确方式。我们认为企业顺应市场发展的变化并非求新、求改，更多的是自我反省，拒绝故步自封，定位未来市场趋势，进行自我完善升级。如果企业因一时的利益而满足，很容易将自己禁锢在被时代淘汰的牢笼中。

孔子曰："见贤思齐焉，见不贤而内自省也。"其释义为人在成长的过程中需要保持正确的态度，不满足于现状，不断向贤者看齐，向贤者学习，并通过学习取长补短，完善自身。

以连续数年获得"世界五百强公司"第一名的沃尔玛为例，这家以零售为主体产业的百货公司在全球市场中依然遥遥领先，且沃尔玛公司也是在全球范围内适应能力较强的公司。

当代商业市场中，各行业的组织联系越发紧密，传统商业模式很难适应当代市场，企业想要稳步发展，需要学习沃尔玛身上的两种优点。

1. 理解市场，勇于变革

早在十几年前就有人预测，随着互联网时代的到来，大批传统零售企业即将被新零售市场淘汰，即便是行业巨头也难逃市场缩水的局面。然而，互联网时代到来后，沃尔玛成了第一批拥抱互联网、享受时代红利的企业。沃尔玛早在1996年便建立了自身的强大电商网络，虽然发展效果不理想，但为沃尔玛的转型奠定了技术基础。2016年，沃尔玛并购了鞋类、女装、户外用品等领域的电商，正式开启了垂直电商的零售之路。

一路走来，沃尔玛不断探索通过互联网触达消费者的高效路径，并根据市场特点不断优化产业链的供应模式。通过这种乐于接受变革、主动创新突破的态度，沃尔玛在全球各地陆续打破行业边界，实现了爆发式增长。

例如，沃尔玛在中国市场与线上零售业"巨无霸"京东达成了合作，将自身低价优势与京东"今日购今日达"的超级便捷配送能力相互融合，并依托京东在国内市场的大数据资源，对全国各区域实行有规律的拓品、汰换、推荐，让中国消费者差异性需求、服务需求得到了充分满足，这也是沃尔玛在中国市场销售连续翻涨的主要原因。

2. 接受变革、主动变革

时代变革、市场变革给企业带来的冲击十分强烈，但也给企业带来发展机遇。顺应市场变革需要企业支付可观的成本，所以大多数企业在遭受市场变革时会表现出抱怨、抵触的情绪，直至出现生存危机时才被动顺应变革。

事实上，市场与时代的变革是发展的必然趋势，无论企业是否愿意面对，都无法回避。沃尔玛便早早看出了这一点，在市场初步产生"互联网+"变革时，沃尔玛便早早预测出，随着市场变革，传统零售模式将越来越微利，及时进行内部重构是企业稳步发展的必然选择。

2017年，沃尔玛正式公布了公司管理层重构的消息，沃尔玛总裁董明伦在他的备忘录中写道："我们需要更快速以及更少的官僚来服务消费者，为消费者节省金钱和时间，一些岗位的精简是为了实现干练和快速，但是在另外一些岗位上，也会增设新的职位。"这是沃尔玛为顺应互联网市场新环境做出的改变。

随后，沃尔玛又进行了整体框架的重构。2017年，沃尔玛把国内市场的5个营运区域合并为4个，即华北区、华东区、华南区和华西区，并将主体产业进行线上线下融合，这极大削减了运营成本，并简化了繁重的组织结构。

沃尔玛的轻装上阵让其更加迅速地适应了国内市场，并与市场环境产生深度互动，全面契合市场变革趋势，最终得以先人一步占领市场，享受红利。

商业市场的高速发展时刻影响着现代企业的发展思路，求稳式发展不应是以不变应万变，而应是以变应变，并以精益求精的态度不断深化企业的精细化管理，最大化避免发展过程中的失误。正如法国牧师纳德·兰塞姆的墓志铭所写"假如时光可以倒流,世界上将有一半的人可以成为伟人",这句话道出了人与企业成功的真谛,成功并非获得多么令人瞩目的成就,而是规避常人犯下的错误,不失误的平凡就是不凡,不犯错的成长便是成功。

◎ 李宁引领的"国货潮"为什么火

据《2020年中国消费品牌发展报告》显示,2019年中国品牌在线上市场的占有率已经达到72%。该报告指出,中国品牌正在不断升级产品品质与价值,并逐步抢占着海外品牌的市场份额,甚至位于高端价格带的奢侈商品领域都开始被中国品牌主导。

中国品牌的强势发展彻底打破了消费者的传统认知,叫好又叫座的"国潮产品"迅速崛起,各类"国货之光"全面覆盖国内市场。

为了顺应市场变化、提质企业发展,李宁不仅进行了国内调查,更在全球市场进行了"中国品牌"满意度调查,结果发现大多数国外用户表示,中国品牌的产品虽然质量好,价格便宜,但缺乏创造性,所以中国品牌在海外市场大多以"中国制造"的方式为主,而缺少"中国创造"的声音。

针对自身这种缺点,李宁聘请专业设计团队将国潮文化全方位融入品牌当中,并对自身品牌进行全网宣传。近几年,李宁不仅与全球各地的网络红人合作,并邀请《环太平洋2》中的主角、美国知名演员斯科特·伊斯特伍德为发布会造势。2018年，李宁带着自己的新品登上了法国时装周；2019年，"中国李宁"惊艳了纽约时装周，并掀起了国潮风暴。

2019年纽约时装周结束后，李宁品牌创始人李宁在自己的微博中这样写道："我二十多年前也号称潮人，今天中国李宁亮相纽约时装周，请多指教。"如今，国内外的大街上都会看到引领时尚潮流的年轻人大方露出胸前"中国李宁"的标志，这已经不再是单纯的中华文化，而是引领世界潮流的新风尚。

回顾李宁引领"国潮"发展的过程，一个关键词贯穿前后，就是"稳中求胜"。虽然李宁的国潮战略看似后知后觉，但为时未晚。李宁采取每一个战略动作都是经过市场调查、结合自身数据分析进行的战略升级。这种发展模式对大多数企业关键时期发展有指导与警示作用。

的确，市场机遇往往转瞬即逝，只有及时抓住风口，企业才能够获得发展优势，但盲目跟风容易导致企业发展方向偏移，尤其规模庞大的负重企业，过于激进反而会带来相反的效果。

当代企业家制定发展战略需要把控战略节奏，任何战略行为都需要数据支撑。只有确保战略发展贴合市场后，企业各类战略才能提速，这种稳中求胜的思维可以确保企业稳定、稳妥。

例如，2022年6月，小米集团公布了一季度的财报。财报中有两项关键数据值得大众关注：一是小米智能手机业务的全球收入高达458亿元，智能手机全球出货量高达3850万台；二是小米全球智能手机用户规模持续增长。

小米的这一发展成绩是在国际形势复杂、全球疫情反复的市场背景下完成的，且同期内全球智能手机行业整体大盘下滑，只有小米等几位优质企业保持了增长趋势。

小米公司对此总结为"得益于公司的高端化战略与精细化运营"，小米公司利用庞大的用户数据与行业数据支撑，动态分析智能手机市场发展方向，以多维度贴近大众需求的方式进行产品创新升级，以此保持与市场的深度连接。

可以说在数据支撑下，小米公司的各种发展战略对接市场更为准确，小米才能够在市场动荡的局势下保持平稳发展时态，并逆流向上。

稳中求胜是现代企业家应当长期具备的战略思维，"稳"与敢打敢拼、一鼓作气没有丝毫矛盾，反而会提升企业高速发展的安全性。牢记这一理念则代表企业家成熟、企业成功。

04 企业"走得快"与"走得稳"相辅相成

市场业态不断刷新，大众消费需求、消费品位也在不断升级，现代企业想要持续获得用户青睐，需要不断进行自我调整。我发现在这种市场业态下很多企业表现得过于急躁。为满足市场发展趋势、时刻走在潮流前沿，有些企业倾尽全力提升发展速度，甚至针对个性消费需求改变企业发展战略，最终导致企业内产生诸多不安因素。

事实上，企业在发展中求稳与求快并不冲突，但在根基不稳的情况下快速发展，很容易导致失败的命运，这也是市场中大量企业因为盲目发展而惨遭淘汰的原因。

企业发展的最佳方式必然是稳中求胜，以稳为根基，以快为追求，通过平衡"走得稳"与"走得快"的关系，提升企业发展品质。

例如，我国知名车企吉利集团便是一家懂得稳中求胜的知名企业。根据中汽协发布的2021年销量数据显示，2021年上半年我国汽车累计销售量同比增长4.79%。相较前几年，这一数据依然属于发展放缓的表现，在这种市场环境下吉利集团却交出了累计销量766630辆、较上年同期增长44%的优异成绩单。

吉利集团能够获得这一成绩恰恰是因为它懂得稳中求胜，在企业行业蓬勃发展阶段、动荡时期，甚至是新冠肺炎疫情下的瓶颈时期，吉利集团始终以产品为核心，无论取得多么优异的成绩都不曾改变这种稳中求胜的策略。正如吉利集团副总裁、吉利销售公司总经理林杰先生曾说过："汽车市场如同帆船运动，船体是产品，帆是营销。吉利这艘帆船，船与帆是相匹配的。在吉利多年的发展中，产品始终是吉利的根本，只有产品好了，营销、渠道等各环节工作才能够与之匹配，发展才能做到平衡。"

所以，吉利不会因为销售情况良好而盲目推出新车型，而是始终关注用户意见与营销口碑，用心聆听用户的内在需求，以此确保主体产业发展稳定。另外，吉利也不会调整品牌方向，一直坚持做最接地气的国民精品车，无论品牌高度如何提升，吉利的这份坚持都不曾动摇。对此，林杰也曾说过："我个人认为，即便宏观经济或者国际市场有什么动静，我们吉利在做的最接近民生的产品，最能接近消费者、接地气的产品，应该是受影响最小的。"

从吉利的稳中求胜中可以看出，在稳定的前提下谋求发展速度的最大化是现代企业发展的正确策略。因为稳定与快速本就是相辅相成的关系，企业只有走得越稳才能毫无顾虑地快速发展。

◎ 企业如何协调走得快与走得稳

现代企业想在提升发展速度的同时确保自身稳固并不容易，这需要企业家懂得倾听市场的声音，理清行业轨迹，定位正确战略。

例如，在全球高科技聚集的美国硅谷中，有一家十分亮眼的中国企业，这家企业在异国市场不仅保持着良好的发展节奏，并建立了研发中心，这就是海康威视。

海康威视的全称是杭州海康威视数字技术股份有限公司，是我国安防产品及服务行业的知名品牌，在多年的发展中不断致力于不断提升视频处理技术和视频分析技术，面向全球市场提供领先的安防产品与优质的服务。

作为中国安防行业的知名品牌，海康威视更是中国安防企业走向海外的先行者，在短短数年的发展中，海康威视的海外市场不断扩大，销售规模持续扩张，并将自身品牌推向国际市场的中高端行列。

取得如此优异的发展成绩，源于海康威视用"走得稳"平衡"走得快"的发展决策。

海康威视北美区域的相关负责人曾说过："海康威视在海外建立研发中心是为了更好地贴近用户。因为，每个地区的用户对于产品和解决方案的需求是不同的，新的研发团队将专门为北美企业市场研发设计新产品。"

从这位负责人的言语中可以看出，海康威视在海外市场一直采用融入当地环境、领域深耕细作的模式发展。据美国权威机构IHS报告显示，在视频监控领域，海康威视五年蝉联市场份额增长排名的第一位，是行业中最具潜力的中国品牌。

事实上，海康威视早在走出国门前就制订了稳妥、强劲的"三步走"规划。

① 国际化1.0战略。是走出去，拓展海外市场。

② 国际化2.0战略。本地化，将营销人员和服务人员彻底融入当地市场。

③ 国际化3.0战略。在全球配置资源。

看似中规中矩的三步却包含着海康威视对海外市场的缜密调查，以及结合自身特色、市场发展趋势的战略决策。因为大多数海外市场都具有排异的特点，外国品牌的入驻一定会遭受本土企业的抵制与歧视。海康威视总裁胡扬忠曾说过："在一些项目中，有人会要求直接把中国品牌踢出去，因为当时国家品牌形象和竞争力不够，他们认为中国制造的产品就应该是地摊货、廉价货、山寨货。"但是海康威视还是选择了迎难而上，用产品和服务讲话，稳步发展，踏实积累，最终获得了海外用户的认可。如今，海康威视的产品和解决方案应用在全球150多个国家和地区，海外自主品牌率已超过80%。

在全球经济一体化的今天，海康威视不是第一个走出国门的安防品牌，很多品牌走出国门的姿态远比海康威视高调，且进军海外市场的规模远比海康威视更庞大，但只有海康威视走得更稳、更快、更远，这正是因为它没有被海外市场的利益蒙蔽双眼，选择了行稳致远的发展方式，最终才取得了最快、最好的成果。

其实现代营商者都可以感觉到，经营企业行得稳比走得快更重要，只有企业内部稳定，外部市场才会稳定，企业发展的最好方式不是一蹴而就，而是稳中求胜。

纵观当代成功企业的发展，在企业发展过程中，完善制度、创新技术、升级文化，每一个举动的目的都围绕企业能够在市场中稳定立足。一旦企业领导者表现出急功近利，企业的专业度与专注度便容易受到影响，内部不安因素便容易增加。

对中国企业而言，"稳"是企业健康发展的最佳策略，是企业高速发展的基础支撑，是企业走向辉煌的正确途径。

用实际行动践行初心，用戒骄戒躁的思维审时度势，不因市场表象轻易更改战略，准确定位市场趋势进行内部改革，通过这种战略大多数企业可以确保自身安全与发展速度。

第六章

山高水远，胸襟万里：
以宏大的战略定力前行

纵观当代举世瞩目的企业家，无一不拥有"直挂云帆济沧海"的远大志向、"泰山崩于前而色不变"的钢铁意志、"千磨万击还坚劲"的坚毅本色，"纤毫物欲不相侵"的至本初心，而这些特质都源于企业家的战略定力。

01 知止而后有定，定而后能静，静而后能安，安而后能虑，虑而后能得

《大学》有云："知止而后有定，定而后能静，静而后能安，安而后能虑，虑而后能得。"一个人有定力，才能处变不惊，"泰山崩于前而色不变"；一家企业有战略定力，才能临危不惧，"任尔东西南北风"。战略定力，是企业能够独立自主地分析客观形势，准确敏锐地把握事物发展规律，为实现战略意图和战略目标而审时度势作出科学判断和正确选择。

2022年新年之际，习近平主席在新年贺词中讲道："我们要常怀远虑、居安思危，保持战略定力和耐心，'致广大而尽精微'。"从国家领导的期望与目标中可以感到，强大的战略定力是中华民族奋进新征程的重要保障。

任何国家、任何社会的经济发展都不可能一马平川、一帆风顺，真正强大的经济体始终保持着强大的战略定力，经济体中每一个经济元素都具备了战略清醒与战略耐心，这是现代经济健康发展的坚实基础。

我国商业市场作为国家经济发展的主要载体，也需要战略定力调节，稳固发展方向。在商业市场中，战略定力表现为冷静睿智的思维能力，表现为坚定沉着的行动能力，具备战略定力的企业可以在市场动荡时期眼光更加独到，准确判定市场形势，科学谋划、赢得主动，让自身发展立于不败之地。

一旦企业缺乏战略定力，则容易被市场波动影响，企业家容易患得患失，决策不定，决策行动无自信，市场机遇难以把握，所以当代企业家凝聚战略定力，排除干扰，稳定心神，是企业坚韧从容、清醒坚定的核心支点。

我也曾遇到过无数诱惑，被新能源、自媒体等领域红利吸引，但我始终认为"修其心方能正其行"，如果企业不断变更发展方向，又何以成为行业品牌呢？

现在想来，我十分感激中华商道理念赋予我的这份定力，使我不被一时的假象迷惑，不为名利所动心，可以坚持正途，修成正果。

当前，世界百年未有之大变局加速演进，新冠肺炎疫情对国际格局产生深刻影响，全球形势不确定性、不稳定性增大。企业必须以"风狂雨急时立得定"的定性与"花繁柳密处拨得开"的手段才能不惧挑战与突袭，扬长避短、趋利避害，真正做到"任凭风浪起，稳坐钓鱼船"。

战略定力由"战略"和"定力"两部分组成，企业想要全面提升战略定力首先要清楚战略和定力的具体含义。战略是指企业发展过程中全局性、统领性的发展谋略，主要体现为企业项目方案、发展策略等；定力是指企业的商业智慧，企业领导者的关键决策。

战略定力的产生依靠企业家实事求是的经营态度，依靠企业家不被诱惑、坚持初心的发展态度。对于当代商业市场发展，营商者必须学会战略思维总结，从战略层面看待问题、思考问题。"不谋全局者，不足谋一域。不谋万世者，不足谋一时。"所以当代营商者只有不断拓宽战略视野，强化战略思维，以到位的战略素养全面把握现代市场的本质与内在规律，企业发展才能清醒，自身立场才能坚定、正确。

另外，凝聚战略定力不能依靠坐而论道，需要营商者在企业经营中进行总结、凝练。从战略层面营商者需要具备长远眼光，保持进取精神；从实践层面营商者需要协调"致广大"与"尽精微"的关系，在这一过程中笃行积累，进而提升自身的战略思想与战略能力。

战略定力是现代企业必须具备的发展能力，缺乏战略定力的企业很难在市场中长久安全发展。从商道角度分析，企业成功并非商业模式、企业资源、市场渠道的成功，而是企业全局的成功。企业想要制定符合全局的发展战略，恰恰需要以战略定力来支撑。

随着企业发展，市场竞争会越发激烈，缺乏战略定力的企业难以稳定发展，尤其对企业品牌与信誉而言，没有战略定力的支撑很难确保价值，更无法在市场、社会长久立足。

在分析了任正非、马化腾、李嘉诚等成功企业家的经营决策后，我认为企业的战略定力表现为思想和执行，企业领导者的战略定力可以表现为自控与自强。

自控是指企业领导者对内有追求卓越、矢志不渝的意志力，可以使自己淡泊名利、宁静致远，带领企业保持最佳的发展状态；自强是指企业对外表现出强大的执行力与竞争力，可以在关键时段激发自身潜力，以超高的运营效率击败竞争对手。

正如《孟子》云，"富贵不能淫，贫贱不能移，威武不能屈，此之谓大丈夫"。现代企业家想要长久胸怀"直挂云帆济沧海"的远大志向，面对挫折表现出"泰山崩于前而色不变"的钢铁意志，跌入低谷不改"千磨万击还坚劲"的本色，恰恰需要战略定力的帮助。纵观中国市场中大有作为的企业、举世瞩目的企业家，其"战略定力"无一不远超常人，这种卓越能力才是其成就伟大的秘诀。

02 战略定力，是企业发展的基石

在带领矿业公司发展的几十年时间内，我深感现代市场"困难与希望同在，挑战与机遇并存"的特性。身为企业发展主导者，我需要频繁切换生存、发展、改革的战略思维，心无旁骛、艰难中求进，不被市场利益诱惑，坚定既定目标，这些都是困扰我很长时间的问题。

每次感到困惑、犹豫时我习惯思考一个简单的问题，那就是最初我希望把它发展成怎样的企业。这个问题的答案让我保持了清醒与笃定，也提升了企业的战略定力。

回顾企业的发展，我再次意识到战略定力的重要性，它不仅是企业高速、健康发展的基石，更是当代企业方向不偏、路径不错的指明灯。

现代商业市场中也流行着这样一句话"三年发展靠机遇，十年发展靠战略"。只顾眼前利益的企业往往只能抓住一两次机会，从市场中品尝到一点点甜头，但执着于这些眼前利益的企业最终被市场淘汰。

谋求长远发展的企业非常重视战略管理，会根据企业长远目标制定最优战略，运用现代商业思维促进企业发展。

在分析了众多企业的战略定力后，我发现拥有战略定力的企业始终清楚最初的梦想与目标，并且在每一项发展战略制定时围绕这一中心，确保企业发展方向不会偏离。

在企业战略定力凝聚过程中，我十分感谢任正非先生，因为任正非的一段话曾让我醍醐灌顶。任正非曾说道："公司的核心资源必须消耗在自己的主业上，解决自己的核心问题，而不是不着边际地去做一些所谓市场上潮流式的创新。可能我们很多人都走偏了，在一些非战略机会点上消耗了大量的战略资源，做多了也没用。"

任正非的这段话道出拥有战略定力企业与缺乏战略定力企业的主要差别。在资源分配上，拥有战略定力的企业可以做到更优更合理。因为战略定力可以确保企业发展的每一项战略从长远发展出发，不因眼前利益而浪费核心资源，企业主体产业不受影响。

由此可以看出，战略定力是企业长久发展的基石。商海无疆，诚者无域，小赢靠智，大赢靠德。有定力的企业则持有明灯，有定力的企业则德行兼备，有定力的企业便可扬帆远航。

03 为什么经常换战略的企业都倒了

2020年，我国注销公司超过80万家，实际倒闭数量预计超100万家。很多人把这些企业没落的命运归咎于新冠肺炎疫情，但我在认真对比了倒闭企业与生存企业的经营差异后发现，疫情只是导火索，大多数倒闭企业的基本症结为缺乏战略管理，甚至没有任何战略管理思维，进而导致这些企业听之任之，毫无核心竞争力，当市场发生变动时这些企业自然举步维艰。

例如，新冠肺炎疫情席卷全球后，美国倒闭的第一家知名企业居然是银行，2020年4月3日，位于西弗吉尼亚州巴伯斯维尔The First State Bank（第一州银行）宣布破产，虽然第一州银行规模不大，但是一家百年品牌。这家银行的发展战略存在根本问题，在中国为全球抗疫争取到关键时间时，这家企业依然坚持以房地产贷款为主的发展战略，新冠肺炎疫情覆盖美国后，美国房地产行业迅速陷入低迷状态，第一州银行资金链全面断裂，只能走上破产的道路。

我国年轻的旅游品牌阡鹿旅游，在新冠肺炎疫情导致全球旅游行业发展停滞时及时调整发展方向，将传统旅游升级为高端定制旅游，迅速将企业打造成全球知名的顶级高端服务旅游平台，不仅被旅游界的奥斯卡Virtuoso Travel Week提名，更作为全国唯一一家奢华旅行社代表，受邀参加了这次全球盛大的旅游业活动。这正是战略属性优劣为企业带来的不同结局。

◎ 酒鬼酒业的战略失误

2020年，中国高端白酒价格疯涨，飞天茅台的价格更是多次登上各大网站热搜，紧随其后的便是五粮液与泸州老窖，即便如此，国内高端白酒行业仍处于供不应求的状态。

在国内知名高端白酒纷纷盈利、发展时，有一家高端白酒品牌却显得十分落寞，这便是酒鬼酒。曾经立志成为"中国四大高端白酒之一"的酒鬼酒虽然也进行了跟风涨价，但销售情况与口碑截然不同。

2020年，酒鬼酒被质疑最多的还是企业发展战略，且多项战略发展受挫，企业虽然整体保持盈利状态，但与鼎盛时期相比，已有天壤之别。

回顾酒鬼酒的发展经历，不难看出其战略定位存在一定问题。2012年是酒鬼酒发展的鼎盛时期，但在这一时期内酒鬼酒制定了一项风险较大的发展战略。酒鬼酒选择与新乡市新平川酿酒厂共同出资，在经济并不发达的新乡市延津县城郊成立了酒鬼酒河南公司，同时双方共同投资5亿元，在新乡市延津县产业集聚区南区建设了酒鬼酒"北方物流基地"，基地占地500亩，建筑面积55000平方米。

酒鬼酒的这项关键战略活动在5年后宣告破产，导致酒鬼酒全国市场的发展规划随之搁浅。酒鬼酒的这次失败与企业战略决策失误有极大关系，在企业蓬勃发展阶段酒鬼酒没有选择求稳，而选择了求快。在未充分思考自身体量与市场需求的前提下，酒鬼酒忽视主体产业短板，斥巨资在河南建立基地，这项战略充分暴露了酒鬼酒经营决策的弊端。

酒鬼酒的北方基地战略失利后，又制定了一项高端酒发展路线。2017年，酒鬼酒对旗下产品价格进行了大幅上调，其中部分产品价格上涨超过70元。之后，酒鬼酒开始大力宣传品牌形象，以高度柔和红坛酒鬼酒为主打产品进行高端品牌塑造。2017年，高度柔和红坛酒鬼酒就先后6次亮相G20、金砖五国等宴会，在随后的一段时间里，更多次亮相"国宴"。

就高端酒战略本身而言，酒鬼酒并没有任何方向性错误，但重点是酒鬼酒制定这项战略前并未充分结合自身情况。虽然酒鬼酒拥有一定品牌基础，但与茅台、五粮液等高端品牌依然存在差距，其品质并没有获得消费者全面认可。果然，在酒鬼酒进军高端酒领域后，大部分消费者纷纷表示性价比不足。

中国酒业智库专家蔡学飞在分析酒鬼酒的现状时提到，酒鬼酒经营方面仍存在诸多问题，其产品结构不够完整，进军高端酒市场后，导致基础的中低端产品群出现缺失。

企业发展战略的制定需要慎之又慎,这也是企业必须具备战略定力的主要原因,一旦企业出现战略冒进、战略决策思考不全面的情况,不仅发展效果不理想,更会为企业带来重大损失。

◎ 微软集团为何痛失4000亿美元的移动互联网市场

微软公司是大众熟知的全球知名科技公司,这家公司自1995年《财富》世界500强榜单统计以来常年霸榜,其创造的Windows系统为计算机普及做出了极大贡献。2021年,微软公司取得《财富》美国500强排行榜第15名的成绩,其创始人比尔·盖茨位居2021年《福布斯》全球亿万富豪排行榜全榜第四名。

就是这样一家市场覆盖全球、企业实力处于顶尖位置的明星企业,也曾因战略失误丢失4000亿美元的移动互联网市场,这也是微软公司和比尔·盖茨最懊悔的战略决策。

众所周知,当代智能手机产品主要搭载两种操作系统:一是苹果系统,二是安卓系统。苹果系统凭借自身优势获得数以亿计用户的青睐,安卓系统以自身开源性特点服务着全球众多知名手机品牌商。大多数人都知道,安卓系统版权属于谷歌公司,但很少有人知道其实安卓系统并不是谷歌公司研发,而是谷歌公司于2005年以5000万美元收购的。

最初研发安卓系统的公司本名正是安卓公司,这家2003年创立的公司最初的发展方向是研发数码相机操作系统，研发过程中后期转型为研发智能手机系统。不过这家公司在发展初期频频受挫，2005年时因资金链断裂不得已出售公司。

当时安卓公司的第一选择是谷歌公司，但谷歌公司并没有迫切收购安卓公司的意愿，安卓公司先后三次与谷歌公司洽谈，最终让谷歌公司下定决心收购安卓公司的依然不是安卓系统自身的吸引力，而是微软公司推出了Windows Mobile系统（微软公司推出的智能手机系统）。为了短时间拥有打败Windows Mobile的工具，谷歌公司最终决定收购安卓公司，并升级安卓系统。

事实上，安卓公司高层准备出售公司时，微软公司已经了解到这一情况，但比尔·盖茨和其他公司高层并没有在意，甚至没有了解安卓系统的模式与优点。因为当时微软公司研发的Windows Mobile并不支持触屏模式，而安卓系统却以触屏模式为基础，如果微软公司能够用长远战略眼光认真了解安卓系统，并整合这种外部力量，那么今天的手机市场或许是苹果与微软抗衡的局面。

比尔·盖茨在2019年的采访中表示，这次战略失误是自己也是微软公司"有史以来最大的错误"，这次失误让微软公司损失了4000亿美元的移动互联网市场。

企业发展战略是企业领导者站在市场前沿，以高瞻远瞩的思维分析市场趋势，主导企业方向做出的发展决策。如果企业只着眼当下，战略思维则被局限，战略定力也将失去价值。因为闭门造车的战略无法与市场对接，一切发展决策无法从市场本质出发，最终将失去意义。这是Windows Mobile失败的原因，是微软在智能手机市场频频受挫的原因，也是微软痛失4000亿美元移动互联网市场的根本原因。

04 企业迅猛发展是不是冒进

对于企业而言，超速发展、行业新锐等标签已经烙印到品牌之上，我也被多次问及，企业突飞猛进期间是否遭遇过冒进陷阱，一系列的收购、整合、创新战略有无疏漏，甚至被问及这样的企业高速发展势态还能保持多久？

事实上，在带领企业发展的过程中，我很少考虑这方面的问题，总体而言我需要思考的只有两类问题：一是企业需要"做什么"，二是企业"不能做什么"？坚持战略第一，明确企业有所为和有所不为，企业发展自然可以进入良性状态。

虽然发展速度与发展效果可控，但在企业发展过程中的确遇到过一些"冒进陷阱"，也对我造成过一些困扰。"冒进陷阱"是企业成长期经常会遇到的战略问题。企业在高速扩张阶段，发展得顺风顺水，容易产生自大情绪，所有行业的钱都想赚，有业绩的人都敢用，这种心态下企业的根基将受到蚕食，后续发展的不安因素将大幅增多。

在我沉浸于打造知名矿企的美梦时，多位合作伙伴给予了我客观提醒。因为合作伙伴发现，加速企业发展节奏更多是在扩大企业规模，但真正决定企业根本的是企业的底层资源储备。如果我坚持注重品牌影响力，很容易背离了打造行业优质品牌的初衷，这一建议让我及时清醒，继续坚持企业内部生态链的强化。

在思考这段经历后，我深刻认识到，"冒进陷阱"对企业的危害非常重大，走入这一陷阱的企业非常容易破产，企业家容易背上巨额债务，所以现代企业一定要及时规避。

走入"冒进陷阱"的企业经历了初期创业的成功，自信心开始高度膨胀，从而因追求利益而忽视了创立初衷，导致内部管理失控、企业陷入经营危机。企业发展的首要任务是将主业做大、做强，而不是做多、做全。提升自身战略定力可以确保企业做关键决策时不出现偏差，确保企业不被陷阱蒙蔽与诱惑。

企业做大是指企业规模扩张，属于企业横向发展，更属于企业发展需要。任正非曾说过："没有规模，难以对付未来的低成本竞争。而没有大的市场规模是不可能有低成本的，但竞争一定会出现低成本阶段。"由此可见，企业做大是发展必然方向，也是企业做强的重要基础。打造多家矿企正是打牢自己做强的基础。因为只有我们覆盖了全国市场，才能够在全国范围内树立品牌。

当然，在企业做大的过程中最忌大而不强，一旦企业规模大但主体产业根基薄弱，则容易走上做空的道路。企业规模扩大需要考虑与自身实力的匹配性，盲目扩大，导致企业运作成本、管理成本、市场成本大幅提升，但缺乏长期稳定收益，这就是做空的表现。

如果企业规模扩张是为了增强市场竞争力，且对主体产业发展有促进作用，这就是企业做大的表现。

2015—2020年，华为不断扩张企业规模，但每一项战略的制定与实施都基于详细的市场调查与全面的风险应对，并且任正非在华为编制企业管理大纲《华为基本法》中还特意制定了规模管理方法，这就是企业做大的正确方法。

任何企业都是从无到有、从小到大的发展，但发展的每一步都应该保持清醒的思维，做大的目的不是眼前利益与市场份额，而是企业自身的强大。这也为所有商业人士明示了一个道理，企业做大的发展战略一定要沿着企业做强的方向，单纯追求规模扩张、利益获取的发展战略，都是在增加企业运营危机、做空企业根本。

对于企业高速发展势态能够持续多久的疑惑，我可以从战略定力层面回答。因为企业可以通过战略定力客观分析市场形势、准确把握市场规律，为实现战略意图与目标审时度势、科学地作出判断选择，所以战略定力不仅可以被视为企业的睿智发展思维，更影响着企业的生命力。

企业之所以能够面对各种磨难而玉汝于成，之所以能够无惧风险危机而转危为安，之所以能够经历浪潮洗礼而屹立不倒，是因为企业建立了强大的资源产业链，结合自身矿业深耕20余年的丰富经验，准确把控市场趋势，将产品创新导向与客户需求、行业前沿准确对接，最终形成健全、健康、优质、底蕴丰厚的企业基础框架。

紧守中华商道的企业保持了强大的战略定力，既不能走封闭僵化的保守战略之路，也不能选择走改旗易帜的冒进之路，这就是企业的"金道"，也是企业有信心、更有能力实现各项战略目标的秘诀。

另外，企业的生命力还表现为企业关键战略的制定与企业的判断能力，其决定着企业能否主动发展、健康发展。在风云变幻的商业市场中，企业需要不断攻坚克难，应对各种风险与挑战，坚如磐石的战略定力正是企业实现发展目标的压舱石。

行百里者半九十。虽然企业发展迅速，但前行的每一步都保持着谦和、谨慎的态度，越接近目标，危机感、紧迫感就越强烈，排除的干扰因素越多，自身发展越稳、越扎实。《尚书·周书·毕命》中写道"政贵有恒，治须有常"。只有有恒心的持久经营，遵循商道，才能确保企业健康发展。

纵观世界，市场格局越发错综复杂，"黑天鹅"事件频频出现，各种不确定性成为企业发展的不安因素，这更需要当代企业家必须保持清醒的商业头脑。只有不被错误观点左右，不被杂音乱象迷惑，不被眼前利益引诱，企业才能"任凭风浪起，稳坐钓鱼船"。

"暮色苍茫看劲松，乱云飞渡仍从容。"战略定力是企业的方向指引，战略耐力是企业的健康保障。有了战略定力，企业可以稳中求进、快中求稳，这也是中华商道的精髓体现。

05 当今世界的脆弱与"反脆弱"

2020年的新冠肺炎疫情，无疑是近年来最大的一只"黑天鹅"，它的不确定性、不可预测性让世界商业都措手不及。随着后疫情时代的到来，很多企业家喘了一口气，毕竟这只"黑天鹅"即将飞走，市场又将恢复稳定，企业发展又可以重回正轨。

的确，对于几十年中从未出现战争、饥荒、经济崩盘的中国市场，新冠肺炎疫情确实是一只突如其来的"黑天鹅"，但经历过这次冲击后，中国商人更应该意识到"黑天鹅"是一个时代的产物，是商业市场隐藏但不应该忽视的脆弱之处，面对这种"脆弱"，众人应该思考如何强大企业，日后无惧黑天鹅的降临，而不是感叹劫后余生。

德国哲学家威廉·尼采曾说过一句名言"杀不死我的，会使我更强大"，这便是中国商人对抗"黑天鹅"事件应有的心态，这种"反脆弱"

的态度才能让企业不变成温室花朵，在多变的时代中始终茁壮成长。

◎ "中国金都"招远的整合发展之路

提到中国金都，大多数人第一时间想到的是山东省招远市，毕竟这座小城的"含金量"全球知名。招远市区虽然是一座县级城市，但自古便以盛产黄金闻名，这座小城中拥有全国最大的黄金矿田和最高的黄金产量，仅金矿脉量就达到两千余条。不过招远市夺得"中国金都"美誉并非单纯因为此地黄金产量高，更多是因为多年来招远市黄金产业始终呈蓬勃发展之势，其睿智的战略思维让这座城市的黄金产业蒸蒸日上。

我们可以看到，大多数矿藏城市会选择以"挖矿变现"的方式促进城市发展，这种方式的确能在短时间内获得良好发展成果，但产业本质脆弱。一旦矿产资源匮乏或市场环境动荡，城市发展必将遭受严重冲击。

但招远市的发展方式与其他矿藏城市不同，招远市放弃了传统"挖矿变现"的发展道路，选择借助矿产资源吸引更多外部力量，打造黄金产业基地的特色模式。这种模式让招远市顺利成为优质黄金企业集群、品牌黄金企业的孵化地，最大化释放城市资源价值，同时无惧资源与市场变动因素，长久保持良好发展势态。

例如，2020年，新冠肺炎疫情冲击中国黄金市场，招远市黄金产业并没有受到严重影响，全年黄金产量持续增长。这主要因为招远市打造了完整、优质、高端的黄金产业链，在全国市场流通不畅的背景下，内部自循环同样能够维持健康状态。

总体而言，招远市选择了一条外部整合、内部重塑的发展之路。招远市采用三种模式充分整合黄金产业相关资源，以此强化黄金产业发展效果，进而挖掘市场价值，带动城市经济增长。

首先，招远市通过招商引资提升自身基础实力。近年来，招远市先后设立多项黄金产业发展专项资金，用于吸引大量优质黄金深加工企业入驻。同时招远市建设了黄金深加工产业园及金饰产品集散批发市场，通过这种方式招远市顺利完成金矿开采、加工、销售产业链构建，从前端、中端、末端三个环节挖掘矿产资源价值。

其次，招远市鼓励黄金行业创新，赋能黄金企业发展，以此提升城市黄金产业发展速度与发展效果。近年来，招远市出台各种政策鼓励黄金行业创新，对创新成果突出的企业、平台给予资金奖励。在政策扶持下，招远市黄金市场发展模式、发展渠道呈现多样化特点，市场活力显著上涨。

在此基础上，招远市政府还给予更多黄金企业在创业、发展上的支持。比如2022年招远市发布的《关于加快黄金深加工产业发展的扶持意见》中明确提出，"在深加工产业园新购置自用办公或生产用房的企业，可享受每平方米200元标准的补助，分3年发放，补助金额最高不超过30万元"。优质的创业、发展环境让招远黄金企业发展得更为顺畅、蓬勃。

在这两项黄金产业发展策略下，招远市吸引大量外部商业力量，强化自身行业发展水平，这一黄金产业集群逐渐具备行业顶尖竞争力。

最后，招远市鼓励人才入驻，并支持黄金企业打造品牌。招远市深知人才和品牌是黄金产业充分发挥价值的关键，所以在人才培养、品牌塑造方面倾注了大量心血。

在人才培养方面，招远市对设计人才创业、技术人才培训等多方面给予政策与经费扶持；在品牌打造方面，招远市从黄金珠宝类商标注册、黄金品牌企业资质获取、产品品质认证等多方面给予政策与经费扶持。

双管齐下，招远市黄金产业发展全面开花，品牌企业、知名人才大量涌现，招远市真正发展成了全国知名的"金都"。

商道不仅是商业发展之道，也是产业发展之道、城市发展之道。万变不离其宗，万法本心如一。只要商道策略正确，无论企业还是城市都可以获得发展良机，都可以无惧"黑天鹅"挑战，并保持健康发展状态，收获既定发展成果，这正是中华商道的强大所在。

◎ 企业如何应对市场"黑天鹅"

2020年虽然已经过去，但岁月留痕，只有总结过去的成功经验与失败教训，企业才能继续前行。所谓历久弥新，人世间的大道如此，黄金亦如此。在岁月的磨砺中，大道与黄金都愈发闪亮。

任何一家企业，想要获得成功都必须经历千辛万苦。2020年的"黑天鹅"也让矿业企业经历了诸多磨难。

在行业充满抱怨与叹息时，我迅速调整了战略节奏，将发展重心由外部市场扩展转为内部实力提升，因为我坚信，疫情过后才是行业发展最关键的时刻，市场活性与市场竞争将快速攀升，如不能以更强大的姿态面对市场，即便"黑天鹅"飞走，其产生的影响将持续存在，企业很难彻底走出困境。恪守"金道"，结合产业优势与行业特点，制定技术、服务、产业链精益求精的升级战略。

我深知，面对激烈的市场竞争，没有精益求精的产品，自身便无法在行业市场脱颖而出。在新消费时代，口碑是品牌最好的广告，消费者如感受不到优质的体验，自然不会对品牌产生任何青睐；如果不能跟随时代脚步，做出符合时代潮流的金品，原有客户也难以保持持久忠诚，所以企业要从产业源头开始，进行各个产业环节的技术、管理升级。

06 战略定力能以不变应万变

战略定力是确保企业平稳发展、坚守初心的商业智慧，但战略定力并非为现代商业套上思维枷锁，甚至在战略定力下企业可以找到更丰富的发展形势，形成更多样的发展思路，只是在战略定力的影响下，企业创立初衷、发展方向不易出现偏移。

现代市场的环境变化无常，即便没有"黑天鹅"的到来，市场中同样存在各种挑战与不确定，战略定力可以确保企业核心优势，确保企业集中力量在正确道路上发展。

思路决定出路，是企业战略定力在核心不变的前提下以变应变的主要方式，这种变不是天马行空的任性而为，而是遵循客观规律下的思路革新，以"一叶知秋"的商业嗅觉及时洞察市场发展趋势和方向，用最好的方式做好超前的谋划与布局。

从成功企业的战略决策中可以看出，战略定力是企业以不变应万变的战略思想，但不变并非指企业故步自封，而是坚守初心，在多变的市场中屹立不动，在纷杂环境中坚定不移。

企业的战略定力往往表现为时刻认清当前形势，长期抓住市场需求。

在坚持战略定力过程中，我们充分意识到时刻认清当前形势、坚守创业初衷、结合自身优势、抓住市场需求对企业高质量发展是多么重要，正如老子所说"知人者智，自知者明"，这句话的意思正是指企业家要冷静地分析自己、了解自己，保持清楚的认知，再设定未来的目标。

品牌自古以来便是企业价值的体现，从古代的老字号到今日的民族品牌，每一个商业名称背后都蕴藏着巨大的商业价值。成功的企业之所以获得殊荣，并不是因为品牌营销力量多么强大，恰是在战略定力指引下展现出中国品牌、民族品牌应有的担当与风采。

我蛰伏沉淀运作矿山二十年，现在才得以厚积薄发。可见，战略定力可以帮助现代企业保持长期清醒，做到明辨是非、不惧诱惑，之后分析当前形势，总结自身薄弱点进行弥补，以此进入健康、良性的发展循环状态当中。

在未来商业发展中，我希望更多现代企业可以借助战略定力突出自身优势，针对当前不足作出战略调整，进行技术创新。具有战略定力的企业可以站在长远角度思考战略，能够在自身优势弱化前感知市场动态，定位未来发展路径。

很多时候，虽然企业领导者卓越、企业技术先进，但依然难逃被时代打败的命运,其原因主要在于战略失误,所以培养自身战略定力是现代企业必须重视的事项,只有早日强大自身,才能早日稳固企业发展。

07 战略定力并非一成不变，要么创新，要么死亡

具有战略定力的企业在市场复杂多变的形势下，能够把握商业发展本质与规律，及时克服短期发展难题，抵御各种利益诱惑，坚持最初发展目标。保持战略定力，企业发展可以呈现"稳中有快""稳中求胜"的特点。

战略定力的最大特点虽然是"稳"，但并不代表战略定力一成不变。在瞬息万变的商业市场中，战略定力可以以多种形式表现出来，比如企业家深邃的思想力，企业家准确的判断力，企业家面对危机时坚定的毅力，企业家追求理想时顽强的忍耐力。在战略定力的支撑下，企业表现出的最大发展动力，就是创新。

现代管理学大师托马斯·彼得斯有一句著名的商业名言"距离已经消失，要么创新，要么死亡"。这句商业名言一语道破了创新的重要性。现在企业发展，创新的重要性不言而喻，其对企业的意义更无可替代，创新

或死亡不是危言耸听，而是现代企业发展的现状。

《道德经》中写道"天下万物生于有，有生于无"，其商道释义正是市场中一切发展看似是有轨可循，但大多源于企业创新。现代企业必须具备"有生于无"的能力，才能令自身发展保持强势与优势，而企业创新同样与战略定力存在直接联系。

战略定力是遵循本心与初心，寻求不同的发展方式，这种商业思维的创新不能依靠模仿与复制，而是基于自身特点作出打破常规的举动。在谨慎考量的基础上进行标新立异的思索，最大化突出自身优势，企业便可以屡屡有创新之举。

在分析过当代成功企业的特点后，我感觉到成功企业都拥有一个重要的生存资本，他们可以捕捉到肉眼无法看到，但真实存在于市场的潜在需求，之后结合自身特点制定一条切实可行的发展之道，这种捕捉能力就是商业创意。

有价值的商业创意往往具有鲜明的特点，或无法模仿，或可轻易复制，这是现代市场的发展规律，也是企业领导者必须思考的问题。大多数企业愿意进行无法模仿的创新，以长期确保自身优势，但事实上大多数创新模式可以复制，这就是中国市场的现状。

创新，是一个永远不会过时的商业话题，也是所有企业必须长久思考的重点。成功的创新是企业战略定力中的变化表现，是企业的主要竞争力，这也证明了战略定力并非一成不变的道理。

在现代商业市场中通过保持战略定力，进行创新发展的国民企业也有很多，比如孩子王，这家江苏南京的儿童用品品牌也通过"科技力量+人性化服务"的坚持，在7年里实现了市值140亿元的增长。

纵观孩子王的发展，这家公司可以被称为创新型发展公司。依靠创新家庭全渠道服务连续两年登上"胡润全球独角兽榜"，并发展成中国母婴童商品零售与增值服务的领导品牌。

这家企业成功的秘诀十分简单——超级社群模式。可孩子王成功后无数企业对其商业模式进行模仿，结果纷纷失败，这不是因为企业自身实力不足，而是大多数企业没能读懂孩子王超级社群的精髓，所以只能模仿其形，无法得其真意。

事实上，孩子王的经营模式看似简单，却是其十年来精心打造的重点。简而言之，孩子王的主体产业虽然是儿童用品，但其经营重点不是销售，从创立之初孩子王就将企业发展重点设定为"经营客户关系"。

这种颠覆行业销售模式的创新拥有极长的积累期，从2009年到2015年，孩子王一直以"经营客户关系"的模式不温不火地发展，但量的积累激发了孩子王的质变，它从一家儿童用品零售商悄悄发展成为儿童用品市场的家庭服务商。2015年之后，孩子王进入了井喷式发展阶段，品牌一鸣惊人，瞬间成了儿童用品市场的领导品牌，正是因为孩子王拥有6年的积淀，才令其看似简单的商业模式无法复制，也让其后续发展保持了长久的绝对优势。

很多人认为孩子王的成功源于它站在了社群营销的风口，但我认为孩子王的聪明之处在于它看清了消费时代的市场核心，将企业主体产业从根基进行创新元素的融入，所以孩子王才注重超级社群的打造，并通过超级社群的方式展现自身创新的价值。

我在认真分析过孩子王的超级社群后，发现孩子王通过超级社群的经营模式其实是一种全新业态，其结合了目标客户的多项需求，如果说妇女、儿童用品市场是一片浪潮汹涌的红海，那么孩子王便在这片红海上开辟了自己的蓝海。

孩子王将妇女、儿童用品零售与诸多服务巧妙结合起来，之后通过超级社群保持客户的长久链接，延迟自身服务周期，让客户既满意又忠诚，由此，孩子王的经营状态便成了行业内独有的新业态。

另外，在社群管理理念上孩子王也进行了独特的创新。自移动互联网时代到来后，社群营销就成了市场常见的商业模式，大多数企业经营社群的理念是通过社群做好销售，但孩子王的超级社群不同，孩子王的超级社群并不是销售群，而是实实在在的服务群，销售只是服务的结果。

这种服务理念在孩子王的超级社群中不是简单的口号，而是实实在在的商业体系。孩子王已经在自己的超级社群中设置了健全的服务流程，社群的经营宗旨为"经营好与顾客之间的情感"，这使得孩子王社群会员数量在五年时间内增长了200万人。

为配合社群经营，孩子王将实体门店的考核指标也与社群挂钩，一切工作围绕提升客户关系，孩子王就靠这种"为顾客创造满足，就是为自己创造利润"的方式获得了巨大财富。

现代商业市场尊重创新精神，更青睐首创举动，所以孩子王的成功才如此瞩目。在多年的发展中，孩子王始终注重商业模式的创新，在超级社群模式取得成功后，孩子王对这种创新进行了多次升级，比如近年来孩子王开始强调"向顾客学习"的服务理念，将更多精力投入组织客户的社交活动中，增强客户间的互动，这种举措成了孩子王改善经营不足的基本措施，也让更多客户看到了孩子王的不同之处，进而对孩子王的好感度不断提升。

如今，孩子王超级社群的商业模式已经有目共睹，但没有哪位模仿者可以达到孩子王的高度。因为这种创新模式看似没有任何技术壁垒，但它的形成过程需要长久的积淀。

在六年时间中，孩子王表现出超强的战略定力，坚信自身创新可以改变市场，坚信创新可以获取巨大价值，这是现代企业领导者必须学习的精神，也是企业领导者需要具备的格局。

孟子云："圣人之行不同也，或远或近，或去或不去，归洁其身而已矣。"这句话的商道释义为强大的企业发展方式均不同，有的远避，有的亲近，有的离去，有的归来，归根结底都是根据自身实际情况进行的变化，而《易经》最早叫作《变经》，是中国智者对宇宙万物运转变化的规律总结，所以在中华商道中，"变与不变"的道理早已清晰透彻，企业发展本就是核心不变、样式变化的过程。

第七章

看风把舵，借势用势：永远不要与趋势为敌

每个时代有每个时代的大势，企业不能逆趋势而动。在实行走出去战略之时，就要勇敢走出去；在响应国家内循环发展之时，就要紧随步伐。企业家只有懂得尊重趋势、信任趋势、追随趋势，而不是和趋势为敌，才能拥抱时代的幸运、获取长久的成功。

01 善战者，求之于势，不责于人，故能择人而任势

《孙子兵法》中专门有势篇，势者，力也。在任何时候，做任何事情，能够借势、借力，往往收到的效果是事半功倍的。做企业也一样，如果懂得顺势而为，懂得借势用势，就能让企业发展省下不少力气。

在后疫情时代到来后，全球黄金产业布局开始发生转变，在科技赋能下行业间相互渗透情况不断加重，疫情过后企业自身"修复"面临种种难题，这为我国商业发展带来了艰巨任务与严峻挑战。

2021年，我国经济市场虽然表现出复苏之势，却依然有大量企业没落淘汰，我分析了很多颓势企业的受挫原因，发现大多数企业依然用疫情之前的战略眼光审视市场发展，无法准确定位行业趋势，自然难以跟得上市场脚步。

第七章
看风把舵，借势用势：永远不要与趋势为敌

《孙子兵法》云："善战者，求之于势，不责于人，故能择人而任势。"即善于挑战与突破之人"求之于势"，所求的"势"，更多指向对大环境中形势与趋势的判断与把握。"不责于人"，即不去把目光放在客观对象上，不去苛责他人。

我对最后一句"故能择人而任势"感触颇深。"择人"按照字面理解，即选择合适的人。更玄妙之处，在末尾的"任势"二字，如果能理解这两个字暗含的义理并加以善用，则可事半功倍，省力易成。

任势，是一种大智慧。趁势，是对这浩渺天地间事物发展变化规律的通达与掌握。商海浮沉，潮起潮落，想在这风云变幻的商业王国里闯出自己的一片天地，就要学会看透势的本质，审时度势，让势为己所用。

《孙子兵法》有云："激水之疾，至于漂石者，势也。"这句话的意思是，湍急的流水，急速奔流，以至于能冲走石头，这正是势的力量。在湍急的水流之下，巨石也会被冲走。也就是说，只要可以善用自己的智慧与谋略，无论多大的困难都可以像流水冲走巨石一样轻松化解，这恰恰就是所谓"势"的力量。

"势"，是社会整体环境的发展变化方向，是浩浩荡荡的趋向性力量。顺势者，能获得蓬勃生命力，即便原本平凡，也能成就大事。逆势者，其内在潜力不断消磨，即便原本强大，也可能不断衰退。顺之者昌、逆之者亡，是颠扑不破的哲理真谛。凡是不尊重"势"的人，只会不断违背社会和商业发展定律，最终陷入难以挽回的被动局面。

例如，小米创始人、董事长兼CEO雷军曾说过："只要站在风口，猪

金 道

都能飞起来。"后来,他对此解释说,这句话并不是自己的原创,而是改编,但这句话说出了他创业生涯的经验。

40岁之前,雷军一直都在金山公司工作。这家公司的同事们都很聪明努力,但创立了16年之后,他们又花了8年时间才成功。前有微软,后有盗版,金山软件在当时成就有限,直到依靠游戏才能上市。而此时,雷军发现,公司的市值远不如其他的互联网企业。

雷军思考其中的问题,很快意识到,做事不能不信大势。他写道:"人是不能推着石头往山上走的,这样会很累,而且会被山上随时滚落的石头砸下去。要做的是,先爬到山顶,随便踢块石头下去。"

雷军意识到,金山面临的困难不完全在内部,而在于外部的风口。创业者既需要努力,也需要花费时间大量思考,找准能让猪飞起来的风口。在这里,只要有一个小的翅膀,就能飞得很高。于是,他找准手机风口,开创了小米的基业。

站在风口,猪都能飞起来。此后,小米的崛起速度、成就规模证明这句话似乎完全正确。但如果曲解这句话,往往又会让企业管理者陷入误区。雷军的本意,并不在于"猪都能飞起来",而是"站在风口"。而事实上,能一直站在风口的企业,绝不会是"猪",只可能是"龙"。

在寻找风口的过程中,有些尴尬是难以避免的。例如,某企业经过慎重、全面、科学、理性的分析,决定进入汽车产业,从此书写新的创业篇章。但无论怎样的分析,都没能帮助他们改变现实,那就是企业并没有进入汽车产业的资源。这意味着,汽车产业是别人的风口,而不是他们的风口。

风口理论，意味着"发现具有优势的行业，再加以进入，就能获取超额的利润"。显而易见，其中存在一个重要假设，即"发现者确实能进入行业的"。实际上，雷军如果不是早年积累了多样性的资源，他并不可能华丽转身进入手机行业，更不容易成功。

可见，企业管理者对外部大势的分析，重点不是找到风口，而是找到"合适的风口"。"风口"是否适合本企业，同样不能缺失管理者和对企业的内部分析。这并不代表外部分析没有用，而是说明企业进行外部大势分析，必须有实用的出发点。如果管理者的分析态度是坐而论道，则分析得出的结果，也只具备理论上的价值。相反，如果分析出发点，结合了企业自身拥有资源、可能面对的机会和威胁，那就是真正务实的分析。

无论对什么样的大势进行分析，都不能完全脱离自身实际，必须基于现有情况，去积极成就新的自身。

回顾中国商业发展，每一次进步都是顺势而为，中国如今已屹立于强国之林，这个有着五千年文明的东方古国的崛起，无不体现着"势"的重要性。

身为当代营商者，我们就如同一艘巨轮上的舵手，永远要清晰此行的最终目的地是哪儿。在这一望无际的商海之中，潜藏着无数的未知。可能上一秒还是风和日丽的艳阳天，下一秒就迎来了狂风暴雨。在惊涛骇浪之中，如何看清眼前的形势，如何乘风破浪，突出重围，这是每一个企业家需要面临的重要考验。这离不开炼心，更离不开趁势。无论炼心，还是趁势，归根结底都是对于势的三重把握：国家的发展形势、行业的发展趋势、企业自身的发展态势。此三者各自独立，又互为表里。只有企业家熟稔其中奥妙，才能于激烈的竞争中做到游刃有余，走向心领神会的自由王国。

02 顺趋势而为，是企业基本的修养

《荀子》中写道："天行有常，不为尧存，不为桀亡。"其意为世间万物从规律而荣枯，终不因外力而改变。无论是个人还是企业，都必须尊重规律，以动静结合的姿态，去等待和捕捉属于自己的机会。

企业置身于市场竞争中，面对相同的环境，却会表现出不同走向的趋势。无论企业是否主动改变，环境总会出现新的变化。有些企业能抓住有利变化，从困境走向顺境，可谓否极泰来；有些企业则为变化所制，从兴旺走向衰败，可谓盛极而衰。

天行有常，但变化无常。想在变化中求得生机与发展，企业家就必须做出或动、或静、或动静结合的正确决策。

例如，2020年6月18日，格力董明珠主题直播活动落下帷幕，创造了102.7亿元的销售记录。至此，董明珠连续5场直播带货，累计创造销售额

178亿元。

  身为"格力一姐",董明珠的直播带货备受瞩目。2020年,在新冠肺炎疫情的影响下,很多全新的生活方式被挖掘出来,各类消费行为似乎都进入了"云时代",家电行业也不例外。同时,由于线下零售受到冲击,直播更是成为全新的带货方式、流量入口。在各大产品平台、电商平台双向推动下,直播带货兴起,颠覆了过去的商业模式。

  从直播本身的效果而言,直播能让用户足不出户,迅速参与新品发布、产品促销等活动,在线上完成对产品的体验和购买。同时,也能帮助企业降低时间和资源成本,实现吸粉、引流、转化、裂变等营销需求。通过直播,能随时和大量潜在客户交流互动、答疑解惑,随时随地观看直播回放,等于在线上设置了"导购"。这样,就能以客户为中心,产品和渠道进行双引擎驱动,打造出基于产品、品牌和客户场景多项合一的业务模式。

  正因如此,董明珠才从线下走进了直播间,她的直播带货并不是一种作秀,而是展现出传统家电企业面对在线直播销售这一必然态势时积极的迎接态度。

  古语云:"天地以顺动,故日月不过,而四时不忒。圣人以顺动,则刑罚清而民服。"这段话的意思是,天地顺应而动,则日月运行、四季更替都不会出现偏差。圣人顺应而动,则刑法公正,人民臣服。

  同理,在企业经营中,生存和发展的原则,在于顺势而为。比如海尔集团作为国民品牌骄傲,一直以产品品质为主打IP,但在智能时代来临后,海尔集团同样顺应市场发展趋势,及时转变营销策略,打造了新品牌

"海尔智家"，正是这种顺势而为，让海尔集团将市场趋势汲取为发展能量，海尔集团自身发展才能够蒸蒸日上。

"苟日新，日日新，又日新。"顺应变化的"动"，离不开创新。创新的力量，能突破"旧"的束缚。只有不断推陈出新，在旧的基础上宣扬文化，在新的东西中发展传承，才能成就"新"的力量。反之，如果企业不懂创新，不仅难以"动"，更会缺乏生命活力、缺乏对消费者的吸引力。

无论是否创新，企业的"动"，并不都是盲目而为。在大势变化面前，企业家必须清楚选择方向。那些正面的行动，能极大促进企业潜力的释放，加快企业和社会资源的合作，有利于企业适应竞争，完成自身必要的转型和调整。反之，那些负面的行动，很容易产生强大的破坏性，导致企业偏离良好的发展轨道，甚至可能在内部分裂，使企业呈现内耗趋势。

"动"重要，"静"则同样如此。动是企业发展的重要步骤，静则是动的本源。《道德经》中写道："重为轻根，静为躁君。"重是轻的根源，静是动的主宰。无论企业如何创新、怎样改变，最终还是来源于静的定力。

《大学》有云："知止而后有定，定而后能静，静而后能安，安而后能虑，虑而后能得。"企业家知道应达到的境界，才能使自己志向坚定。志向坚定，才能镇静不躁。镇静不躁，才能心安理得。心安理得，才能思虑周详。思虑周详，才能有所收获。

我认为，面对外部趋势，更多需要展现出管理能力、经营才华等智慧层面因素。但是，面对企业内部发展趋势，甚至在面对自己时，考验更多的是自身内心修为。正因如此，许多企业领导者，都会注重从自己到管理团队的定力培养。唯有如此，在面对复杂变化时，才能确保每个人都冷静理性，游刃有余地把握问题的关键，做到处乱不惊、举重若轻。

"静者静动，非不动也。"企业想发展得更好，就不能始终进行大动作。在顺势做出抉择之后，再细化具体部署时，更需要足够"静"的稳定环境，让企业运营保持清醒。

可见，"静下来"是为了运筹帷幄，是为了在剧变时临危不乱，是为了决胜于千里之外。"动起来"，是为了锐意进取，寻求机会，也是为了获得相对平稳安宁的内部成长环境。企业家培养定力，提振信心，是增强自身对企业战略掌控力的必然选择，而当整个管理团队受到核心人物的影响时，从上到下地做到"静如处子、动如脱兔"，又能实现"君子藏器于身，待时而动"，才能做成一家好企业。

企业经营需要动静结合，对市场发展趋势准确把握。如此，企业即便面对机遇时不会过于迫切，面对危机时也不会畏缩不前。企业将不会因内外环境变化而无措，而会获得更长远的发展。

03 每家企业，都是时代的产物

《孟子·公孙丑上》云："虽有智慧，不如乘势；虽有镃基，不如待时。"前两句很好理解，与其依靠智慧，不如顺应时势。后两句中的"镃基"，是古人劳作时常用的农具，意思是对于务农的人而言，与其依靠农具，不如把握好农时，在适宜播种的时节播下种子，到收获时节，自然会有收获。

农业是季节变化的产物，成功企业则是时代的产物，当企业规划经营战略蓝图之时，也就是企业家看懂时代之日。成功企业家的发展眼光不会放在当下，注重当前利益，而是放眼社会、市场的变化趋势，分析时代需求。有了这种高瞻远瞩的视角，才能读懂竞争对手，从中总结经验，结合自身优势，审时度势，把握时代赋予的特殊脉搏。

《道德经》写道："道生之，德蓄之，物形之，势成之。是以万物莫不尊道而贵德。"一言以蔽之，势成，则事成。当代企业家想成就事业，必须扎实深入时代的底层逻辑之中，抽丝剥茧，通过不断沉淀与积累，逐渐掌握现实商业发展的精髓，如此才能达到"明势"的境界。

所谓明势，有两层含义：一是明确当下社会发展趋势，包括国际形势、国家政策、法律法规、消费者习惯等；二是了解自身优势与价值，找准自己在时代中的定位，知晓如何在残酷的竞争中突出重围。

"山重水复疑无路，柳暗花明又一村。"明势之刻，就是拨云见日、峰回路转的瞬间，就是企业家找到自己和时代差距的那一秒钟。先有对时代的透彻观察，才有对势的精准把握。先有明确发展方向，才能迅速制定出符合市场消费环境的企业经营战略。由此，赢得市场欢迎与认可也是水到渠成的事情。

明势只是第一步，在明势之后，紧接着还要顺势、造势。《吕氏春秋》有云"圣人不能为时，而能以事适时，事适于时者其功大。顺势而为"。企业战略必须顺应时代需求。如何利用时代资源，决定着企业成长的方向。方向对了，发展就会事半功倍；方向错误，努力就会变得一文不值。

正如诺基亚曾发展了140多年，最高历史市值达到146亿美元。联想也花了30多年，才让港股市值达到100亿美元。而小米诞生后只有3年，其估值就超过上百亿美元。这并不是因为小米创业团队比其他团队的智慧更高、能力更强，而是因为他们与时代脉搏实现了同频，将时代给予的资源红利用到最大，也最大限度地满足了这个时代对手机提出的要求。

在新时代下，真正成功的企业，应该将自己的注意力，更多集中于向新客户人群提供服务上。企业应积极努力，以最快的速度去满足这些新需求。正是这样的企业，代表了进步的力量，代表了巨大能量的创新，它们之所以能在极短时间内，改变原有的市场格局，主要就在于把握住了时代提供的机会。

◎ 文化属性的产品为什么火爆

从商业角度来讲，文化不仅是企业健康持久发展的精神力量，更是一种市场活跃的商业力量。附加文化属性的商品往往能够取得意想不到的发展成果，所以，优秀企业一定懂得文化的重要性，并通过经营文化赋能的方式打造出爆款新品。

在梳理大量现代优秀文化产品的崛起之路后，我发现商业市场中能够长久延续、保持强大市场竞争力的产品大多是文化产品，在文化属性加持下，这些产品甚至能掀起一次又一次的消费潮流。

例如，2021年的国潮文化为多个行业赋能发展力量，在"国潮"名词的加持下，李宁、安踏、花西子、完美日记、自然堂等各个领域的品牌企业都取得了巨大发展成就。

从当代各类火爆的文化产品中可以看出，文化能够强大企业发展是因为它为企业产品附加了以下几种重要的商业元素，正是有了这些元素的加持，文化产品才能够准确对接用户，亲近市场，获得更多人的认可与青睐。

1. 情感元素

文化产品背后一定带有特定情感，这些情感能够迅速引发用户共鸣，影响用户的消费决策。比如"国潮"产品能够激发消费者的爱国情感，在"国潮"文化面前，消费者的消费欲望会从海外品牌向国内品牌偏移，这就是情感元素带来的消费影响。

2. 价值元素

文化是一种附加的商业价值，其能够提高产品品质，拉近与消费者之间的距离。比如主打"东方文化"的花西子、百雀羚等美妆品牌，在消费者眼中这类文化产品更懂得东方女性的需求与审美，更多消费者会对这类产品产生亲近感。

3. 时尚元素

与商品融合的文化一定具有时尚元素，无论文化是否过时，但展现方式一定时尚。以大白兔主打的"怀旧文化"为例，无论大白兔如何突出"怀旧情感"，其展现方式一定具有年轻气息。因为这种文化营造方式能够突出品牌时尚属性，所以大白兔的各种跨界才能够取得成功。

4. 品牌元素

打造文化产品也是一种打造品牌的过程，通过文化塑造企业能够提升自身软实力，在提高产品品质的同时不断扩大企业影响力，提高企业的信誉度，并将其逐渐转为市场竞争力与产品附加价值。

华为创始人任正非曾说过，企业有灵魂才会强大，唯有文化才能生生不息。

当文化与商品巧妙结合后，往往可以凝聚出强大的商业力量，展现企业的德行操守，同时引领企业良性发展，并解决企业成长过程中的诸多难题。

04 企业顺势而为，远远比勤奋更重要

"贤人君子，明于盛衰之道，通乎成败之数，审乎治乱之势，达乎去就之理。故潜居抱道，以待其时。"此句出自《素书·原始》。意思是贤明能干的人，都能看清兴衰存亡的道理，掌握事业成败的规律，明白社会政治修明与纷乱的形势，懂得隐退仕进的原则。

都说商场如战场，对于企业而言，认清形势同样重要。认清形势，并非投机取巧，而是选择正确的前进方向。企业家必须放下眼前的利益得失，后退一步，将眼光放得长远一点，更有助于认清形势，把控全局的发展。

无论是经营企业还是为人处世，认清形势，都是前行路上的重要一课。认清形势并不仅仅意味着"勤奋""进取"，有时候，后退与隐忍也不失为认清形势之后的最佳选择。

要想认清形势，就要学会分析形势，企业家必须洞若观火，从蛛丝马迹的现象中寻找势的发展规律。在层层的抽丝剥茧中，让大势纤毫毕现，理清其中关系，再顺势而为，这才是最基础的勤奋。相反，盲目地"努力"，只会导致问题越来越严重。

2021年年初以来，黄金价格连创历史新高，市场关注度也持续提升。面对黄金市场的变幻莫测，很多人都一头雾水，不知道是什么在冥冥中主导着黄金价格，也不知道未来黄金市场的走势，眼下是否是入场的最佳时机。其实，所有迷茫的根源，皆是因为对形势缺乏准确的分析与判断。

千百年来，黄金作为一种稀缺的贵金属，始终在人类社会中扮演着重要角色。在历史的发展过程中，黄金除了是商品，也曾被赋予过货币的职能。当经济出现动荡时，人们在恐慌情绪与规避风险的心理驱使下，会将目光投放到黄金上，以此造成黄金价格波动。但是，这并不足以判断黄金价格的最终走势。

2008年美国次贷危机在全球爆发，紧接着美股暴跌，雷曼兄弟宣布破产，美联储降息50基点，市场恐慌情绪持续蔓延，很多人预判此番黄金价格必将持续走高，然而事实却恰恰相反，那一年的金价并未出现投资者预期中大幅上涨的局面。这就是虽然看懂了黄金，却没有看清楚形势。

傅雷曾在《傅雷家书》中写过这样一句话："要斗争、要坚持，必须要讲手段、讲方式，看清客观形势；否则光是乱冲乱撞，可能头破血流而得不到一点结果。"

企业在对形势的分析判断中，同样要掌握适当的方法，不能只图眼前的利益，只从过去的经验出发，而忽视对大环境的认知。管理者在与大势的博弈之中，要学会从全局出发，理清眼前的形势。企业家要清楚，在波谲云诡的商海浪潮之下，哪里是潜在的机遇，哪里又埋伏了可能翻船的暗礁。掷子无悔，落地有声，迈出的每一步不需要多大，但是一定是要稳健的、踏实的。

回顾2020年全球经济，在新冠肺炎疫情阴影的笼罩下，大多数产业都呈现出下跌乃至暴跌的趋势。然而，黄金产品价格却表现为逆势上升，不断打破新高，由此引发了全球投资者的密切关注。实际上，黄金自从2018年开始牛市后，就再也没有停下上升的脚步。

从英国脱欧、美元疲软，到地缘政治不断波动，再加上新冠肺炎疫情的暴发、俄乌地缘危机等导致全世界资本机构一致将目光投向更加稳妥的投资产品，自然推动了黄金价格的不断上升。这一系列的客观因素，共同构成了主导黄金市场格局的势。

对"势"的分析，犹如一场精心策划的战争。宏观形势就是战争的时间、地点，微观形势如同参与作战的各方力量对比，而企业家针对竞争形势的分析，则来自将帅对具体作战对手的深入了解。

《孙子兵法》写道："知己知彼，百战不殆；不知彼而知己，一胜一负；不知彼，不知己，每战必殆"。这句话的意思是只有充分了解其竞争对手，才能在商战之中掌握主动权。

经营企业不能只图一时之功，借口盲目勤奋实现自我感动，而是要从浩如烟海的信息量中，汲取有益于企业成长的部分，作为决策的依据。企业家要学会将宏观、微观的大势结合起来分析，全面看清形势如何变化，再集思广益，将智慧融合，制定出必胜的经营战略。

经营企业如同带兵打仗。在重大选择之前，优秀的企业家必须准确看清大势，顺势而为，进可攻，退可守，进退自如，游刃有余。

放眼当今，很多企业家虽然也能看清"势"，但真正能做到顺势而为的人，却少之又少。很多企业家因一时成功而沾沾自喜，迫不及待地想进一步夺得市场先机，最终却迎来失败，且导致各种市场乱象层出不穷。

从品牌传播模式的"大势"来看，几乎每年都会产生一个崭新的概念。2005年博客网站、2006年分类信息、2007年视频网站、2008年SNS社区、2009年网站团购、2010年B2C电商、2011年微博营销、2012年线上电商、2014年微商、2016年共享经济、2018年短视频营销……宣传体量越做越大。任何一个概念被炒热后，都将吸引大量媒体加入战团。随之就出现海量投资，成千上万的企业冲了进来，选择烧钱竞争。

不少企业家以为顺势而为等同于追赶流行。在"团购"风头大劲时，他们跟风团购。当微博营销兴起时，他们赶紧开通微博账号。当微商不断攻城略地时，他们又急着赶紧补课。表面上看，这些企业没有错过任何一次"势"，但当每次"势"的风口下降时，最先跌落的也是他们。

要知道，顺势而为，并非顺势乱为，更不是走走形式。任何"势"对企业而言，都意味着是客观的环境条件，是应该为企业自身的生存、发展而服务的。如果企业家不结合自身的产品、服务内容，去审视"势"的热点，就很可能盲目陷入概念化误区中，最终被淘汰。

优秀的、顺应大势的企业会对经营过程中的不同环节挖掘价值，增强其互动性，延伸出文化感应触角，以便更好地顺应趋势、迎接挑战。

例如，曾生产出我国第一块手表的老字号——海鸥手表近年来顺应市场发展趋势，开始进行年轻化转型。

海鸥手表的转型策略正是将自身品牌的匠心特点与年轻文化结合，海鸥先与年轻潮流风向标"得物"App进行合作，对年轻化转型进行宣传营销，充分结合现代年轻文化打造出首款海鸥潮表——喜形于色。这款融入镀黑、夜视、镂空等前卫时尚元素的海鸥新品主打运动风格，并叠加了趣味佩戴方式，年轻潮范十足，加之海鸥自身的匠心品牌优势，这款新品一时间圈粉无数。

对此，海鸥手表总经理王文轩说道："未来，海鸥计划持续与得物App深度合作，推出更多符合年轻人潮流趋势的腕表。机械表将不止于传统路径，还能触达更多的年轻人，推向更广阔的市场。"

从海鸥手表的年轻化转型中可以看出，企业把握"势"是体现自身实力的主要举措，在"势"的影响下企业优势可以形成巨大的市场竞争力，推动企业发展向前，而当时代发生变革时，企业顺势而为往往可以获得更大发展，未来前途不可限量。

05 战略定力与顺势而为的辩证关系

"人法地，地法天，天法道，道法自然。"道的底层规则是自然和社会规律，不以人的主观意志为转移，否则将受到规律的惩罚。因此，人们需要认识到事物自有其发展规律，而不必怀着目的和动机去苛求环境。相反，人们要以不变的定力，应对万物的变化，保持自己的德行，这样无论得与失都不会影响到自己。

从商业角度看，顺"势"的确需要企业根据市场趋势"求变"，但求变不等于违背创业初衷，跟风盲从。顺势应表现为顺应时代，并对市场特色进行深入研究与透彻理解，单纯跟随市场潮流很容易被市场淘汰。

移动互联网时代到来后，我国商业市场变化更加迅速，整个互联网连接起数亿乃至十几亿人。其中任何一个垂直领域，都可能由于政策变动、技术革新、模式更替，而产生新风向。可以看到，当代顺风而起的企业数不胜数，风过而落的企业同样数目庞大，放眼那些持久稳定的新兴企业，无一不是分析市场运营规律、结合自身特点、长久把握趋势的智者。

以2021年的男士个护行业的新锐品牌理然为例，在美妆行业迅速发展的风口下，理然迅速超越诸多女装品牌，成为2021年的一匹黑马。理然的成功不是因为其产品多么独特，而是因为它透析了市场发展本质。

当代美妆市场的蓬勃发展是因为消费主力发生变化，思想活跃、注重生活品质的年轻一代乐于为形象与颜值消费。所以理然第一时间理解"爱美，不只是女人的权利"，这个时代的男性同样需要个护美妆产品。在女妆领域竞争越发激烈之际，理然以男性个护品牌脱颖而出，这正是当代商业智者的表现。

总体而言，无论商业模型如何变化、商业手段如何发展，其商业规律都未曾改变。企业家面对趋势时，应当明白何所为何所不为，如何确保自身紧跟市场发展，同时不受市场乱象影响。

这不仅是对当代企业家能力、眼光的考验，更是对心态的挑战。面对商业市场变化，现代企业家需要保持平和心态，认真分析市场趋势与企业关系，之后才能制定顺势行为的策略。因为我国道家文化中"势"不只有"顺势"，还包括逆势、转势。市场之"势"对企业而言有顺、逆之分，在充分分析市场变化形态、透析底层逻辑之后，如果商业变化有利于企业发展，企业可以借助变化趋势突出自身优点，此为顺势。但如果市场变化与企业发展关联不大，这时企业家需要保持冷静，抵御市场诱惑，以免企业发展方向偏移。如果商业变化不利于企业发展，甚至抑制企业发展，企业家则需要思考创业初衷，顺应市场难以必然出现的变化，及时转型升级，此为转势。

企业家循道的过程，是内心"无为"的过程。"无为"不是消极应对，而是遵循事物发展变化的规律去坚守，避免为主观意志所干扰。"无为"就是坚守初心不变，顺应时势发展，向着奋斗目标前行。

"无为"之道，意味着遵循商业规律，看透商业本质，并将之作为企业发展的方向、途径和必然。

例如，我国知名品牌南极人曾是保暖内衣的大品牌。20世纪90年代末，南极人凭借品牌营销，打出了全国知名度。到了保暖内衣行业竞争异常激烈的今天，尽管行业大洗牌，但南极人依然屹立不倒。

南极人是如何做的呢？早在2008年，南极人认识到行业增长迟缓的危机，新的竞争形势已然出现。南极人的管理团队便利用品牌优势向电商转型，放弃了深耕了十多年的工厂，坚持将重心放在品牌建设和授权上。公司开始签约并授权供应商生产"南极人"品牌产品，对过剩产业链整合，很快实现了轻资产运营，逐渐成为电商服务公司。

南极人无疑是对的，经销商愿意加入这一品牌生态圈，解除了很多供应商经营的困境；供应商支持这一举措，因为南极人品牌知名度高，又具有丰富的互联网品牌销售经验，推出的产品量大，能满足供应链的规模化要求，带来更高回报。

遵循"道"，企业就应具有强大的战略定力，坚定地顺势而为。南极人能根据自身发展需要，顺应时代变迁去获取更有力的发展。

坚守初心，方能证道。无论是企业还是个人，定力对坚守初心都是非常重要的。

强大的战略定力，能让人认清自己建设企业的初心，帮助自己冷静分析、理智思考，形成切实可行的行动方案，并在坚定实践的过程中有所发现、改进和提高。

企业家需要拥有这样的战略定力，以此确保企业在多变的市场中时刻保持正确的心态、正确的发展方向。不因市场变化随意变更战略，不因市场利益冒进盲从。在战略定力的加持下，企业家更能看清商业环境现状和发展趋势，结合现有特点，制定符合企业的长远目标，深入发掘企业发展的驱动力。

总而言之，企业家懂得顺势而为，更要懂得坚守己道。企业的发展离不开顺势而为。但如果企业家缺乏定力，就很容易将顺势而为理解为见异思迁，在不断改换方向和目标的过程中，迷失真正的初心。

王阳明先生在《传习录》中写道："学者惟患此心之未能明，不患事变之不能尽。"心明，战略才能明了，顺势而为，才能让心始终清澈。只有当企业发展跟随外界变化而变时，企业战略才有稳定性，企业才能长盛不衰。

企业战略成功的可能性有多大，关键在于规划制订者对现状把握的深刻程度。企业的战略蓝图能站多高、看多远，也在于企业领导者从大势中能看出未来的多少端倪。

"周与蝴蝶，则必有分矣，此之谓物化。"战略定力和顺势而为，就好像庄周梦蝶，并不是相互分离的，而是你中有我、我中有你，能够相互转化。战略定力是顺势而为的一部分，顺势而为也因战略定力而会有所取舍。顺势而为与战略定力本身便是相辅相成的，只有辩证地看待，企业才会更适应时代而长久地发展。

无论是企业还是企业家，所有的成功之路，其内在本质都始终不变。企业家只有懂得战略定力的作用，才能顺势而为，促使企业一点一滴积累成长。

第八章

乐山乐水,金道永传: 基业长青的秘密

"万物之始,大道至简,衍化至繁。"万物最开始的时候,一切都是最简单的,经过衍化后变得复杂。本源的大道,必然是朴质的。企业经营,基业长青,归根结底离不开一个"道"字。

01 大道至简，法无定法

老子有云："万物之始，大道至简，衍化至繁。"企业家懂得对商业之道加以衍化，形成独特的经营之道，企业的发展才能持续而稳定。然而，在循道发展的过程中，并没有任何固定的方法、策略和技巧，企业家应根据发展形势、市场情形而随机应变。大道至简、法无定法，才是有效的战略原则。

当代商业市场有这样一个现象：很多企业在发展初期不仅能够健康生存，而且发展速度非常惊人，而随着企业规模扩大，商业运作成熟，企业发展速度反而下降，甚至出现各种危机。总体而言，市场没有发生太大改变，反而是企业变化造成了这种结局。

企业在发展初期凭借简单、专一的产业链和简明扼要的管理模式不断凸显优势。在发展壮大过程中，企业产业链开始复杂化，管理组织出现层级化，运营压力上升时运营效率开始降低，市场拓展加大时对应投入也在加大，这种趋势就是企业没落的开始。

当企业发展遇到问题时，企业家应静下心来思考，往往打开乱局的钥匙只有一把，这就是大道至简。无论企业规模多么庞大，市场运营多么复杂，创业初心与经营本质最终只有一个。企业之所以背负过多、负担过重，是因为企业家主观上把简单商道层层包裹，最终复杂难解。

这个时代的商业强者不是拥有多少高深商业思维的人，而是把企业经营得简单、把复杂问题转变为简单问题的人。当企业进入简单高效的运营状态时，企业发展可以回归最初状态，企业家可以获得更大成就。

当代企业家都希望具备大道至简的营商能力，何为大道至简？大道至简，意味着抓住关键。在企业管理中，最重要的因素就是"关键核心"。企业家抓住关键核心，一切才能变得清晰。

当回顾创业初心时，我总能够发现一些"多余"的东西，及时剔除这些多余部分，企业的发展便可以井井有条、稳中求进。

商业简化的本意，不是缩小企业规模、缩减团队成员，而是对商业现象的底层规律加以抽象凝练，抓住核心要素，去除次要或相对次要的部分，将烦琐变成简单，将压力变成动力。

《易经》云："易则易知，简则易从。易知则有亲，易从则有功。"容易，就便于实行。简单，就便于从事。便于实行就有人辅助，便于从事就容易成功。这段话可以解释为，企业经营的工作任务只有经过简化后，完成起来才会更有效率。在企业中，只有将复杂的工作简单化，才能提高发展效率。

　　看似复杂的工作任务，经过简化后，执行才会变得更有效率。任务在简化之后，就变得更容易理解明白，也更容易操作。容易理解明白，才有更多人参与其中。容易操作，才能容易贯彻而形成结果。因此，简化原则，能帮助企业不断成功创新、脱颖而出。

　　现代企业家市场为企业设定庞大的目标、艰巨的任务，长远且繁重，这种企业经营方法很难激励员工们在短期内产生积极的心态，企业效率也会在不自觉中降低。在经营企业的过程中，企业家、企业领导者的责任，是将企业运营简化为眼前的小任务，以工作量化方式激励员工，企业发展才能够真实可控。因为简单的工作更容易形成标准和系统化，既能有效提高经营效率，也能有效降低成本。

　　成功企业家的优秀之处，不只在于自身能力，更在于懂得如何简化战略、提高效率。他们会在企业内建立精细的分工体系，使工作内容清楚明晰，让员工各司其职。这样，才能帮助集体进步，有利于企业，有功于社会。

　　企业懂得大道至简的哲理，就能化繁为简、去粗存精。在管理中，努力剔除那些低效、可有可无而非本质的干扰因素，抓住经营的要害与根本，从中提炼出少而精的原则，从而化繁为简。

　　我们应清楚，简单并非贫乏。商业运营的表面情形，也许看似简单，但只有舍弃其中的复杂现象，直面问题本质，才能掌握竞争本质，洞察商业规律。想让企业发展长青，就必须坚持从简单到复杂，再从复杂到简单的规律，进行深入认知，理解并完成复杂的竞争过程。

02 世界五百强企业都做对了什么

互联网时代的日新月异让商业市场变化更加高深莫测，就连全球五百强榜单也变得皆无定数，但分析五百强榜单的常驻企业后发现，这些基业长青的商业强者拥有很多相通之处，这些特性以及这些企业背后的商道理念正是现代企业学习的重点。

首先，世界五百强企业皆是时代风口的把控者。在历届世界五百强榜单上，登榜企业均为某种商业模式的创造者或某一领域的开拓者，但商业模式、领域拓展都有生命周期，被时代趋势取代是所有商业体的最终命运，所谓强者不过是时代风口的把控者，能够在趋势来临之前做好万全准备。比如字节跳动公司，不仅抓住了自媒体商业风口，还引领了行业发展，这正是当代商业强者必备的特质。

其次，世界五百强企业皆是突破瓶颈、破局而出的创新者。在当代被市场淘汰的企业中，有很多企业并非倒在竞争对手手上，而是由于企业自身封闭、懒惰，只懂得跟随市场，面对趋势无法及时转向，最终命运只能听之任之。世界前沿的商业强者皆是破局创新者，比如苹果在智能手机领域创新成就了自身行业霸主地位，腾讯的网络社交模式创新改变了我国大众生活，创造了新型商业模式。所以，我一直强调当代营商者需要具备观察市场的战略眼光，认清趋势与潮流的差别，发掘市场供需结构变化，以此确保企业长久健康，自身努力成为行业领军人物。

最后，世界五百强企业皆是自省自律的勇者。在趋势之下，只有懂得自省自律的勇者才能够及时转向，为企业拓展新的生存空间。这意味着企业家需要勇于跳出舒适圈，跟随市场趋势进行战略调整，及时优化内部资源、组织架构、产业流程、技术工艺等，通过商业结构升级确保企业经营大道至简，以此获得全新的发展力与影响力。比如小米，通过高性价比手机开拓广阔市场后主动走出舒适圈，直面苹果、三星，进军高端手机领域。

任何企业都希望长久健康发展，跻身世界前列，但大部分企业无法成为最后的胜者。在分析过世界五百强的正确作为后我们会发现，更多失败并非源于对手过于强大、环境过于纷扰，而是我们太过弱小。

保护创业初心，坚持大道至简，从强者身上学习，融合博大精深的中华传统文化，企业便可以具备持续繁荣的根基，基业长青才能够被构筑。

我希望当代营商者能够正视市场，正视自我发展。不因自身现状而妄自菲薄，不因一时成功而盲目自大。长久保持客观、冷静的思维，研究世界五百强做对了什么，加速自身发展。

譬如我从这些强者的发展历程、商业经历、管理思想中发现了诸多商业瑰宝，并结合自身特点定位企业发展的优质策略。

我总结得出：现代中国企业发展需要主动拥抱市场变化，正确分享市场红利；顺应商业变革，努力使自身资源得到更有效的配置；稳定自身商业体系，使企业具备应对市场冲击的能力；坚定文化自信，提升企业品牌价值，激活企业发展潜力。

以世界五百强霸榜多年的丰田集团为例。丰田集团是一家乐于拥抱市场变化，顺应市场变革，并积极做出改变的企业。早在20世纪50年代，面对欧美市场汽车行业积极简化组织结构、提升产业运营效率的商业模式变动，丰田集团便在日本市场率先做出了改变。丰田集团不仅充分汲取欧美市场同行的商业模式升级经验，更结合日本汽车行业发展特点，形成了更简化、更灵活、更适应市场需求的生产方式。这种生产方式吸收了单件生产、批量生产的优点，形成多品种、小批量的混合生产条件下最简单、最优化的方法。

到20世纪80年代初，日本车果然在全球大受欢迎，而丰田生产方式也开始受到研究和重视，并形成精益生产思想。精益生产思想的实质，即消除整条价值链上所有环节的浪费，缩短产品从生产到交给客户手中的时间，提升企业的竞争力。

明白了这一道理，我们便能感受到世界五百强企业行列的召唤与激励。变革之路在脚下，商业强者仅需前行、延伸、拓展。

03 基业长青靠的不仅是耐力，也是运气

现代市场中高瞻远瞩的企业家追求的是一种大而持久的经营态度，这类人不刻意追求成为领导者，却具备强大的领导力，他们致力于构建目标长远的组织，最大的成果不是企业规模，不是个人财富，也不是市场地位，而是将企业打造成一个有生命力的终极平台。

很多企业家认为，赋予企业生命力是一项长期的挑战，其中涵盖竞争、发展、文化、定位多种因素，想要企业基业长青，需要比拼的一定是企业家的耐力。

我总结过自身二十余年的营商经验，也认真梳理了企业近年来的发展心得，之后我认为基业长青的确靠企业家的耐力，但有时候也要比拼一下运气。

不过我从不把企业的未来寄托在运气上，我更觉得运气是一种积累中的

意外收获。如果企业自身不够强大，运气来临之时我们也难以把握机遇，一举突破。耐力是企业必备的发展基础，运气是企业质变的关键契机。

蒙牛集团的创始人牛根生曾说过："无论是企业、组织、团队，如果聚精会神长期做一件事，其成功的可能性就比较大。如果什么都想做，无法专心，那么到头来在各个领域，都只是普通角色，甚至还可能沦入末流。"

想要建立真正优秀的企业，必须学会依靠耐力和坚持，才能成就事业。企业想要持之以恒地前进，就需要制定明确的目标愿景。

许多企业不是没有目标和使命，只是更多地表现为口号和规章，无法将其运用到实践中，更无法形成耐力。甚至在很多企业的认知中，愿景、使命和价值观，表达的都只是理想范畴的事情。

创建并维持一家企业，可能并没有那么难，但形成可以传承到后世的基业，就绝不仅仅是有梦想就够的。企业家需要为之考虑，自己肩负着什么使命、自己的企业应发展为什么模样，而企业内从管理层到员工的所有人，又是否能产生为之奋斗的激情，并为此坚持。这些，都是企业家在规划未来愿景时需要考虑的事情。因此，伟大的企业，必然拥有耐力与坚持，他们还会为此考虑：企业凭什么能实现这一梦想？企业实现梦想的依据是什么？当这些问题的答案凝练成为有效的逻辑，贯彻到集体长期的行动中时，企业才会拥有想要的好运气。

◎ 太古集团是如何发展两百年不衰落的

太古集团最初只是英国利物浦的一家小型进出口公司，成立于1816年。创始人约翰·斯威奉行"敬业务实"的格言，苦心经营，公司日渐兴旺。随后，他的两个儿子又进一步将公司进出口业务拓展到美国、澳大利亚和中国。

1866年，太古公司在上海成立，命名为太古洋行。很快，这家企业发现了长江流域航行汽船市场的潜力，随后成立了太古轮船公司，负责长江流域的运输市场。1881年，太古轮船公司又进入中国香港，新建炼糖工厂，并组成了运糖的国际航行船队，还开办了船坞。与此同时，太古轮船公司继续为英国多个企业担任代理，其业务涉及保险业、金融业等。

第二次世界大战结束后，太古公司在中国的财产消失殆尽，但太古公司并没有放弃，还是坚持着"敬业务实"的格言，始终秉持实事求是的态度，只做自己最熟悉的业务，只打造卓越的结果。他们将中国香港作为基地重整旗鼓，继续拓展新的业务。在中国改革开放之后，太古重新作为外资企业，回到上海拓展市场。

两百年来，太古集团已经成为业务多元化的著名家族化国际企业。之前的许多大企业，早就被湮没在历史尘埃中，而太古集团却能屹立不倒，一直秉承着"敬业务实"的格言，这正是这家企业维系久远生命的重要原因。

太古集团的成功，和坚持脱不开关系。任何成功，也都和勤奋工作、敏锐判断、深入分析、灵活应变密切相关。但不可否认，基业长青有时确实离不开"运气"。

《内经》中说："候之所始，道之所生。"古人所说的运气，其本意是从长期观察气候现象的变化，从中总结出一套自然规律来。把握"运气"，企业家就应善于观察规律，识别那些还没有完全出现的商机，及时作出反应。

在市场环境中，最好的商业机会并不容易发现，社会不断发展变化，商机也日新月异。企业如果发现得过早、投入得过早，就有可能成为新商业机会的"试验品"；而如果认识太晚、投入太晚，又只能成为后知后觉的追随者，难以得到切实收益。因此，那些能准确把握节奏的企业，表面上看起来更多依靠运气才获得了最佳商机，实际上对于商场规律的揣摩和预估，都是经过了长期的观察推算。

当然，"运气"更多是简化之后的说法，体现着大道至简的哲理。你可能有过这样的经历，在篮球场上，将球随手一扔，居然命中三分，可下次想再这么做，却百般努力也无法扔进去。反之，当你用尽各种办法，观察、练习、尝试，终于提升了命中率，动辄能扔进篮筐时，你知道，这是实力的提升，但在外人眼中，这依然是"运气"。

企业之外的人，看那些大名鼎鼎的企业家，总会认为他们是幸运儿。但实际上，这是他们不断化繁为简加以努力的必然结果。

所谓"运气"，还和企业家特有的知识、技能有关，也与其特有的经历、观察思考问题的方式有关。优秀企业家只有将既有的知识、经验、背景等智慧加以简化，形成了唯独自身才能掌握的识别体系，才能认识到最佳商机。如此，才能保证企业通过不断变革或创新，拥有竞争对手无法赶超的优势，获得的收益也就高于机会的成本。

04 欲速则不达，见小利则大事不成

《论语》有云："无欲速，无见小利。欲速则不达，见小利则大事不成。"意思是说，做事情不要一味求快，不要贪图小利。一味求快反而达不到目的，贪图小利就做不成大事。

这句话不仅是孔子告诫学生的为官之道，更是现代营商者需要遵循的商道理念。现代很多企业家面临重大决策时很容易受到外在因素影响。这些企业家总是抱有要比别人发展更快的思维，一旦发现机会，就不顾一切地去推进，反而忽略了很多潜在的隐患。一味追求速度，反而被小利分神，仓促决定导致后悔，这也是企业缺乏战略定力的主要表现。

采用这种激进策略，企业有可能会迅速增长，但如果内力不足，在未来就无法持续发展，获得成功。相反，企业需要先将力量充分投入内部关键建设中，即使短期内发展得比较缓慢，未来同样有可能呈现爆发式增

长。欲速则不达，其中虽有种种不确定因素，但其法则并不以个人或组织的意志为转移。

古人云："每临大事有静气，不信今时无古贤。"又云："宠辱不惊，看庭前花开花落；去留无意，望天空云卷云舒。"无论个人还是企业，真正的智慧都不是急功近利，而是来自沉着和冷静的思维方式。只有经得起时间检验的思考和行为方式，才能推动企业不断发展。

世间万物皆是化相，心不动，万物皆不动，心不变，万物皆不变。环境始终在变化。心静，才能冷静地思考。管理者应该做的，就是踏实走好眼前每一步，满足发展的需要。

企业在经营中，应小心避免"其兴也勃焉，其亡也忽焉"的陷阱，避免企业势不可挡的兴盛，又突如其来消退。企业家过度追求表面上的增益，就会忽视企业内在基础建设，使得企业无法持久发展。

◎ Yahoo宣告失败，他们到底做错了什么

雅虎（Yahoo）曾经是互联网企业中的猛虎，现在，这家企业已经消失。1994年，雅虎诞生在美国，从导航网站开始，逐步拓展到搜索、邮箱、购物和新闻内容等业务。雅虎创立了收取广告费的门户网站商业模式，同时也开创了免费的互联网信息服务，成了互联网公司的一大巨头。

然而，进入21世纪之后，互联网环境开始变化，以门户为特征的互联网1.0时代结束，以搜索为特征的2.0时代、以社交为特征的3.0时代开始，

雅虎跟随时代的速度越来越慢。当进入移动互联网时代后，雅虎更是看不清形势，无法将业务从电脑向智能手机上及时转移，最终不断被边缘化。从2007年到2012年，5年中，雅虎换了6任总裁、2任临时总裁，却没有一个人真正认识到大趋势，没有一个人为企业确定战略定位。他们并不是没有做出改变，相反，他们不断调整雅虎的眼前目标，有的着眼于搜索引擎，有的着眼于娱乐，有的着眼于媒体宣传，还有的只会豪言壮语。雅虎总裁看到了其他公司表面的飞速增益，一味贪图眼前利益，过于浮躁的工作态度和决定导致雅虎始终没有自己的核心业务，逐渐在互联网业务中失去话语权。

就这样，曾书写全世界互联网门户网站历史开端的雅虎，一步步走向衰败和没落。2017年，雅虎被收购，不得不退出互联网商业的历史舞台。

雅虎的失败告诉人们，如果一个企业缺乏长远的、清晰的战略定位，就不会有真正明确的战略目标，无论更换怎样的管理团队，都很容易在市场竞争中遭遇淘汰。

现代企业想要长期兴旺，除了明确的战略定位，组织内部的协调发挥着关键作用。企业家组织搭建内部利益联合体，能形成畅通无阻的沟通渠道，凝聚团队斗志，而不忽略其中任何一步。面对任何管理项目，都应有专业人才应对负责，而不是由外行主导。即使在执行已有决策时，也应考虑专业执行或咨询团队的意见。当涉及重大变革时，则由专业的人才管理项目或主导计划，确保成功概率更大。

企业家的计划和立场也尤为重要。例如，当企业即将开始革新时，企业家是否已充分了解市场，是否详细调查了企业内部情况。如果缺乏这样的准备，员工的不配合乃至抵制很可能成为普遍现象。这样，原本想要加快企业发展的革新，反而会带来阻碍。

05 基业长青的文化里，必有"金道"

文化是企业运营力量的源泉，是企业经营思想传承的载体。想要基业长青，势必先要有长久不灭的文化，而其中的"金道"，即为企业的优秀战略基因。这些优秀基因，有利于企业长期稳定发展，能够积累企业精神财富。成功的企业虽然有不同的管理经验，但在"金道"上能找到共同点。

人无信不立，店无信不兴。诚信是市场经济中企业赖以生存和发展的基础。只有遵守诚信，企业才能不断积累和开拓客户。企业只有拥有更大的市场，才能高效益、可持续地发展下去。企业的诚信是比黄金还宝贵的基因，它折射出企业的信誉和形象。

《管子》有云："夫霸王之所始也，以人为本。本理则国固，本乱则国危。"意为霸王之业的一个良好的开端，就是以人民为根本；这个本理顺了国家才能巩固,这个本理搞乱了国家势必危亡。企业文化的竞争也是如此,人本文化要求企业能从人的本性、需求出发,体现人的价值、成就人的追求、聚合人的团队、实现人的可持续发展,才能巩固企业的发展。

客户是企业宝贵的资源,优秀企业总是能通过高质量服务,满足客户的体验需求,确保客户通过其稳定的服务水准,获得最大限度的满意。尤其当企业规模不断扩大、利润积累不断增加时,还应维持原有的服务水平,并予以提高,才能得到市场更多的认可。

《大学》有云:"生财有大道,生之者众,食之者寡,为之者疾,用之者舒,则财恒足矣。"意思是生产财富也有正确的途径,生产的人多,消费的人少。生产的人勤奋,消费的人节省。这样,财富便会经常充足。这强调的就是节约对于财富积累的重要性。节约是企业能不断进步的动力之一,也包括高效的成本管理。企业必须将成本管理体系建设成果作为"金道"基因,加以代代传承。

基业长青的企业,都会严格遵守社会公共观念,自觉兼顾企业利益、客户利益和社会环境三者之间的关系,在生产、服务、营销的同时,履行社会责任。如果企业能长期保持这种对社会环境高度负责的精神,也同样能赢得客户好感,那么客户始终是忠实购买者和支持者。

企业的优秀文化基因有很多,"金道"同样是所有有志于基业长青的企业必须努力具备的。只有高度重视企业文化塑造,吸纳强大基因,才能打造出独具特色的企业。

06 每家企业都有基业长青的基因

物竞天择,适者生存。在我国商业历史长河中,商业个体不断在消亡与新生中循环,可以说任何商业个体都有生命周期,差异不过长短而已。

我们可以看到,同一行业、同一背景起步的相似企业,会在发展中展现不同命运,有些企业短短几年甚至几个月便走到生命尽头,有些企业则可以延续百年。两者的差别不是基因不同,而是企业经营者的思维差异。可以说无论规模大小,任何一家体制健全的企业都有长寿基因,不过是引领者将其带上了不同的道路。我国明代思想家王阳明曾说过:"人人皆可为圣人。"这句话也印证了这一商业至理。

打造一个拥有持续发展力、竞争力的百年品牌实属不易,想要做到基业长青更是难上加难,但我们认为现代营商者需要设定这一长远目标,因为这是高质量经营企业的正确心态。

企业使命、愿景、价值观是影响企业寿命的关键因素，只有塑造健康完善的文化体系，才能够支撑企业走得更长远。

对于中国企业而言，从中华传统文化中汲取营养，获得智慧和力量，是提升企业家商道思维、延长企业寿命的不二之选。中华传统文化中蕴藏着深厚宏大的商道理念，而长青基业必定来自伟大文化，中华传统文化展现的商道精髓可以令企业超越一时兴衰，活得更为长久。

我希望当代企业及时意识到这一问题，与其花费大量财力、物力、精力学习西方商业理念，不如回归本真，重视中华优秀传统文化，因为中华商道足以解释商业运营本质，足以解释任何商业现象的底层逻辑。掌握了中华商道，企业便可把基业长青的基因转化为基业长青的命运。

07 顺应大道的企业，都可以基业长青

一家企业能获得成功，与时俱进、不断创新是必须具有的思维意识。在成功企业的身上，我们能看见不断创新的精神，例如扬长避短、趋利避害、随机应变、善于创造、逆境不馁、处变不惊，等等。

创新精神，是企业实现可持续发展的原动力。企业应在创业中，不断提出新目标。企业家应从关心员工和客户的每一件小事做起，将企业的总目标分解为每一天的奋斗小目标，致力于提升品牌价值和企业内涵，使企业每天都得以创新和进步。

企业制定战略最终的目的，是为了遵循大道，传播大爱。员工拥戴和认可企业这种大爱思想，再由他们去传播这样的大爱，吸引越来越多的客户加入企业的价值链中。这样，原本看似单纯的购买关系，就成了"你中有我、我中有你"的共存共利关系，这就是"人心无价，大道当然"的

含义。

以大道和大爱建设企业，从根本上来说是文化的管理，而非个人的管理。文化管理，能在企业中培育组织精神和价值观，在组织系统中营造出健康的工作氛围，使成员身心能充分融入企业组织，认同企业的价值理念，将被动管理变成自我约束。这样，员工才能成为有血有肉的人，为实现自我价值、创造出更多价值而努力，而不是只知道机械执行的"工具人"。

企业家应该倡导"无为而无不为"。无为并不是什么都不做，无不为也不是比别人多做了多少事。真正的基业长青，是因为做的事合乎大道，顺势而为。顺应了社会的需要，向着大道发展。即便在外界看来，并没有做出什么巨大的改变，却能推动企业内部建设，抓住机遇。因此，其以组织利益为本，进而以造福客户为企业发展的根本，天下就没有不可为的事情。

在那些优秀的企业中，其产品质量精良、服务精神卓越，其管理者团队似乎永远有一股强大的力量，把握住企业的舵盘，使企业越过障碍、通往成功的大道。

他们熟知天地与万物、人生与人心、精神与物质、传统文化与现代文明，把握住这些概念之间的关系，就能明白企业发展建设的方法。大道不仅能帮助人们找到做人做事的正确方法，也能帮助企业找到竞争胜利的方向。

"天地所以能长且久者，以其不自生，故能长生。"天长存，地久在。天地之所以能长久存在,是因为它运行、存在不是为了自己。流放一己的犟执趋求,顺应天下之自然,可以使自身的利益与天下的利益和谐耦合,更有助于自身利益的实现。

企业家也同样如此。如果企业家兴办企业、参与竞争,想到的只是狭隘的自我利益,却考虑不到客户、社会从中获得的利益,无法做到共赢,就做不到"长且久"。只要能遵守大道,让企业的生命融入整个时代的生命中,那么这样的企业就能代代相传,始终焕发出独特的价值。

08 大道无形，但企业有形

"道生一，一生二，二生三，三生万物。"用今天的科学观点解释，正是这种不可违背的自然客观规律，才从"无"中生出"有"，生出正负粒子、阴阳两极。随后，天地、日月、星辰、万物由此而生，各自和谐相生、长远相处。在这样的环境中，才有了人类社会，有了每一家企业。因此，万事万物也离不开"道"，"道"看似无形，其实有形。

道虽无形，但企业有形、竞争有形。正因为有形，企业家很容易迷失在具体的事务中，他们会努力解决眼前的一个个麻烦，思考着如何去战胜竞争对手。如果企业只顾眼前利益需要，恣意而为，麻烦就迟早会随之到来。但只有保持企业周边的生态平衡，使之符合社会经济规律，企业才能与市场和睦相处、相互依存。

"无为"的观点，对企业家提出了更高的要求。他们必须看清时代需要社会、社会需要什么、每个与企业有关的人需要什么，从中清醒地认识潮流和趋势，再根据自己的情况，制定相应的管理政策。

"上善若水，水善利万物而不争。"上善的人，就像水一样，水造福万物，滋养万物，却不与万物争高下。不争，体现为逆来顺受，和谐发展。水可圆、可方、可扁，遇冻结冰、遇热化气、遇沟填壕、遇山绕行，但水并不软弱，以柔克刚，滴水穿石。不管多么坚硬的石头，都能被江河湖泊冲刷得又圆又滑，没有了棱角，像鹅卵石一样。

大道似水，恬淡、虚无、清静、无为。做人如果也能像水一样刚柔相济，成就完美人生又有何难哉？因此，企业家应学习水，水虽然滋养万物，但并不居功自傲。水遇到障碍会绕开道路，但目标明确，直入大海。水懂得韬光养晦，顺应地势需要，或蜿蜒小溪，或集聚成湖。如果一家企业能在管理者的带领下做到这些，那么基业长青就已经实现了。

参悟商道，企业就能摆正与社会的关系。正如马云、任正非、雷军等当代知名企业家都注重中华商道的研学，并从中华商道中探索到营商之本、成功之策。这再一次证明，大道无形，才是企业长盛不衰的法宝，才是企业永远立于不败之地的依托！